착하면서 강한 기업

유한킴벌리 이야기

착하면서 강한 기업

유한킴벌리 이야기

정혁준 엮음

한스미디어

'착하면서 강한 기업'에서
미래기업의
생존 조건을 찾아내다

잘 몰랐다, 유한킴벌리.

남자들에게는 익숙하지 않은 회사다. 생리대와 기저귀를 직접 구입하는 경우가 드물기 때문이리라. 대부분의 남자들에게 유한킴벌리는 언론에서 보도되는 착한 이미지의 회사라는 것만 각인돼 있을 것이다.

유한킴벌리와 나의 인연은 전화 한 통에서 시작됐다. 2012년 5월 중순, 평소 알고 지내던 한스미디어의 편집자에게서 전화가 왔다. 유한킴벌리 이야기를 책으로 내자는 제안이었다. 유한킴벌리 내부 사람이 아닌 외부인의 시각으로 회사를 객관적으로 평가하는 책을 내고 싶다는 게 그 이유였다.

처음에는 선뜻 내키지 않았다. 잘 알지 못하는 회사였기 때문이다. 한편으로는 기자라는 직업상의 호기심도 발동했다. '도대체 어떤 회사이기에 그렇게 자주 언론을 타는 것일까?' 하고.

취재를 위해 유한킴벌리 사람들과 몇 차례 만나면서 그동안 내가 알고 있던 유한킴벌리가 전부가 아니라는 것을 깨달았다. 유한킴벌리는 착한 이미지만의 회사가 아니었다. 유한킴벌리는 강한 회사였다. 하지만 많은 사람들은 여전히 유한킴벌리를 착한 기업으로만 알고 있다. 그래서 노트북을 끄집어냈다. 나만큼 유한킴벌리를 잘 모르는 사람들에게 유한킴벌리가 어떤 회사인지 알려주고 싶었다. 유한킴벌리 스타일이 무엇인가를 보여주고 싶었다.

유한킴벌리는 도전과 함께하고 있었다. 지난 40여 년 동안 유한킴벌리 사원들은 지속적으로 시장을 개척하고 도전해왔다. 좋은 회사라는 이미지의 이면에는 강한 회사, 혁신적인 회사의 모습이 오롯이 숨겨져 있었다. 아무도 없던 곳에서 새로운 상품으로 시장을 이끌어갔으며, 글로벌기업에 도전했고, 중국시장에 후발주자로 뛰어들어 시장을 개척했다.

도전에는 실패가 따르는 법이다. 유한킴벌리는 기저귀시장에서 두 번씩 실패의 쓴맛을 보았다. 하지만 그들은 굴하지 않고 다시 도전했으며 마지막에는 승리의 여신과 함께할 수 있었다.

유한킴벌리는 고객과 함께하고 있었다. 까다로운 고객의 눈높이에 맞춘 혁신적인 제품을 선보이는 데 주저하지 않았다. 고객이 만족하지 않는 제품을 시장에 내놓으려 하지 않았다. 고객의 불만을 애인이 준 소중한 선물처럼 간직하고 있었다. 고객의 어떤 불만도 무조건 옳다고 생각하고 있었다. 그동안 유한킴벌리가 지속적으로 성장하고 또 신뢰받는 기업이 될 수 있었던 것은 고객 덕분이다.

유한킴벌리는 전 사원이 가족처럼 함께하고 있었다. 평생학습을 통해 사원들의 성장과 변화를 이끌어내는 기업문화를 갖고 있었다. 일과 삶의 균형을 추구하는 가족친화 경영으로 창조적 기업문화를 키우고 있었다. 그것은 유한킴벌리가 고객들에게 신뢰를 받는 이유이기도 했다. 사원들 모두가 회사에 신뢰와 만족감을 가지고 있었다. 사원들이 만족하지 못하는 기업을 고객이 지속적으로 신뢰하기는 어렵다.

유한킴벌리는 사회와 함께하고 있었다. 기업은 사회와 함께 성장해가는 존재라는 것을 그들은 알고 있었다. 사회발전과 성장이 기업발전과 성장의 토대라는 것을 잊지 않았다. 사회책임을 성실히 수행해야 지속가능한 기업이 될 수 있다는 것을 그들은 강조했다. 사회책임을 다하기 위한 노력은 유한킴벌리를 존경받는 기업으로 만든 근원이었다.

이제 알게 됐다, 유한킴벌리의 남다른 면을. 시장에서는 치열하게 싸우고, 사원들에겐 최대한 배려해주고, 사회의 미래를 이끌어나가는 회사였다. 그들은 도전하고, 창조하고, 행복을 만들어나가고 있었다.

유한킴벌리는 어떻게 앞서 나갔는가

유한킴벌리는 사회 흐름의 변화를 놓치지 않았다. 아무도 티슈를 모르던 시절, 크리넥스부터 시작해 종이 기저귀, 생리대 등 혁신적인 제품을 내놓아 경제성장과 함께 빠르게 변화하는 한국사회의 생활문화를 선도했다. 또한 우리나라에서 환경캠페인을 가장 선도적으로 펼쳐, 환경에 대한 인식을 확산시켰다. '일 중심'에서 '삶 중심'의 패러다임을 기업경영에 녹여 가족친화경영을 오랫동안 실천하고 있고, 최근에는 '액티브 시니어Active Senior를 제시해 사회에 기여하면서 기업의 경제활동을 증진하는 공유가치창출csv에서도 일찌감치 모델로서 주목받고 있다. 사회와 기업의 본질을 꿰뚫어 보고 남들보다 앞서 새로운 도전을 했기에 유한킴벌리는 혁신적인 제품으로 시장을 앞서나가는 동시에 착한 기업으로 성장할 수 있었다.

유한킴벌리는 현재의 1등에 만족하지 않고, 끊임없이 성장 동력을 고민하고 미래지향적인 방향을 설정했다. 회사의 목표를 세우고, 구체적인 실행계획을 만들어 실현시키기 위해 최선을 다했다. 유한킴벌리의 비전 만들기는 전 사원의 참여로 이루어졌다. 그들은 스스로 비전을 만들고 스스로 적응해나갔다. 유한킴벌리는 회사의 꿈과 사원의 꿈을 연결시키는 방법을 놓고 지독스럽게 고민했다. 그리고 그 꿈을 함께 이루기 위해 열정적으로 도전했다.

고객의 사랑을 받는 제품을 만들고, 사원이 열정적으로 일할 수 있는 좋은 환경을 갖추는 것과 함께 사회에 공헌할 수 있는 길을 찾는 건 이제 기업이 반드시 실천해야 할 일이 되었다. 유한킴벌리는 먼저 생각하고 먼저 실천했다. 그리고 그 모든 것이 유한킴벌리라는 이름 아래 어느 하나 모자람 없이 긴 시간 속에서 조화를 이루어왔고 '존경받는 기업' '일하고 싶은 기업'이 될 수 있었다. 과연 우리나라에 고객, 사원, 사회로부터 이 정도의 평판을 골고루 받는 기업이 또 있을까? 지속가능경영이 경영의 화두로 떠오르는 지금, 유한킴벌리의 도전과 혁신이 더욱 주목받는 이유이다.

지면을 통해 감사해야 할 분들에게 고마운 마음을 전해야 할 것 같다. 우선 무더웠던 여름, 바쁜 시간을 쪼개 인터뷰에 응해주신 유한킴벌리 관계자 분들께 지면을 빌어 감사를 드린다. 오인현님, 최규복님, 황규학님, 박미희님, 최상우님, 이호경님, 진재승님, 장양순님, 권오승님, 김형범님, 이혜선님, 최호연님, 안선혁님, 손승우님, 조규식님,

성재욱님. 대전공장에서 만난 김성훈님, 조경희님, 전병영님, 최찬순님. 그들의 회사에 대한 열정과 노고가 아니었으면 유한킴벌리만의 스타일을 찾는 데 엄청난 시행착오를 겪었을 것이다. 특히 오인현 전 부사장님이 오랜 애정으로 준비하신 마케팅 혁신 사례 자료가 큰 도움이 되었다. 특별히 감사의 뜻을 전한다.

유한킴벌리의 색깔을 찾는 데 조연을 맡아준 분들께도 감사드린다. 책에는 '정혁준과 미래작가들cafe.daum.net/junef' 소속회원들의 노고가 숨겨져 있다. 채성수, 이준언, 오정학, 서지우, 손유정, 한나나가 그들이다.

마지막으로 유한킴벌리처럼 착하면서 강한 회사가 우리 사회에 민들레 홀씨처럼 널리 퍼져나가기를 기대해본다.

정혁준

contents

03.

트렌드 세터
창조적 발상으로 시장을 리드한다

04.

열린 소통
상하를 허물고 수평으로 일한다

무한도전

실패에서 배우고
끝까지 도전한다

착하면서 강한 기업
유한킴벌리 이야기

생활용품 세계 최강 기업 P&G를 넘다

위기에서 탄생한 최고의 브랜드 '화이트'

세계적인 소비재 브랜드 제국인 프록터앤갬블P&G은 1980년대 초부터 기존에 볼 수 없었던 새로운 제품 개발을 준비 중이었다. 먼저 세계 최고의 소비재 기업답게 고객을 대상으로 다양한 조사를 벌였다. 고객들은 불평과 걱정을 털어놓았다. 고객들의 가장 큰 불평은 생리 뒤의 끈적거리는 느낌이 싫다는 것이었고, 가장 큰 걱정은 생리가 샐지 모른다는 두려움이었다.

P&G는 이 두 가지 문제를 해결하는 데 제품개발 포인트를 맞췄다. 하나는 기술개발로 해결했다. 초강력 흡수소재를 개발한 것이다. 이 신소재는 액체를 신속히 빨아들여 표면을 건조한 상태로 유지시켜주

는 흡수력이 매우 뛰어났다.

1983년 P&G는 뛰어난 흡수력으로 생리 뒤의 끈적거리는 느낌을 개선한 생리대 '올웨이즈Always'를 미국시장에 내놓는다. 하지만 당시만 해도 올웨이즈는 미국시장에 나온 여러 생리대 브랜드 중 하나일 뿐이었다.

정작 올웨이즈가 시장에 충격을 준 것은 몇 년 뒤였다. P&G는 생리가 샐지 모른다는 두려움을 날려버리는 제품개발에 골몰했다. 그리고 곧 그 방법을 찾았다. 그건 기술개발이라기보다는 혁신적인 아이디어의 산물이었다. 당시 생리대를 만드는 기업들은 흡수력은 높이되 생리대는 얇게 하는 데 초점을 맞추고 있었다. 그러나 P&G는 달랐다. 고객조사 결과, 고객들은 기존 생리대가 속옷을 보호하지 못한다는 점에 불만이 많았다.

P&G는 생리대에 보호대라는 개념을 처음 도입했다. 패드 중심에서 양쪽으로 보호대가 뻗어 나와 속옷 둘레에서 접혀져 안쪽에 고정되도록 만든 것이다. 고객 테스트에서 여성들은 이 보호대를 '날개wing'라고 부르며 만족해했다. 생리대의 날개는 이렇게 탄생했다.

1986년 P&G는 이른바 날개 달린 생리대 올웨이즈를 미국시장에 선보였다. 날개 달린 생리대 올웨이즈는 프랑스, 캐나다, 사우디아라비아 등에서 그야말로 날개 돋친 듯 팔리며 단숨에 생리대시장에서 1위에 올라섰다. 올웨이즈는 일본, 싱가포르 등 아시아 국가에서는 '위스퍼Whisper'라는 이름으로 출시됐다.

위스퍼는 깐깐하기로 유명한 일본 고객들의 마음까지 사로잡았다. 1972년 일본시장에 진출했지만 일본인의 입맛을 맞추지 못해 고전하던 P&G에게 위스퍼는 재기의 브랜드가 되었다. P&G는 위스퍼를 동양 여성에 맞게 크기를 조절하고, 지하철역 등 번화가에서 무료샘플을 대대적으로 뿌렸다. 때를 맞춰 일본 TV에서 생리대 광고가 허용되면서, P&G는 적극적인 TV홍보활동도 벌였다. P&G는 여성 사진작가를 광고모델로 해 전문직 여성이 활용하는 제품이라는 이미지를 심는 데 성공했다. 여성 광고모델의 핵심 메시지는 '위스퍼를 착용하면 금방 세탁한 속옷을 입은 느낌을 받는다'였다. 위스퍼는 기존 생리대보다 20퍼센트나 비싼 고가였지만 곧바로 시장을 장악했다.

일본에서 대성공을 거둔 P&G의 다음 타깃은 한국이었다. 까다로운 일본 고객을 만족시킨 이상, 한국 고객의 마음을 사로잡는 건 시간문제였다.

날개 달린 '위스퍼'에 무너진
1등의 자존심

위기의 신호는 1986년부터 있었다. 당시는 지금처럼 글로벌기업이 국내에 들어와 영업을 하지 않을 때였다. 해외여행이 흔하지도 않을 때였다. 그즈음 해외여행을 하거나 해외출장을 다녀온 여성들이 유한킴벌리 고객상담실에 편지를 보내곤 했다. 편지에는 날개 달린 생리대에 대한 내용이 들어 있었다.

"생리대에 날개가 있어요. 우리나라에서 만드는 생리대는 날개가 없어 새는 것이 걱정인데, 미국 P&G라는 회사에서 만든 '위스퍼'라는 생리대에는 날개가 있어 샐 걱정이 없어요. 우리나라에서도 이런 생리대가 나왔으면 좋겠어요."

처음에 유한킴벌리 고객상담실 사원들은 대수롭지 않게 여겼다. 하지만 그런 편지를 한두 통씩 받다보니, "우리도 그런 생리대를 만들어야 하는 게 아니냐"는 데 사원들의 의견이 모아졌다. 그들은 마케팅 담당 임원에게 편지를 보여주며 "우리 회사도 이런 제품이 필요한 것 같다"는 의견을 제시했다.

하지만 마케팅 담당 임원은 단칼에 그 제안을 무시해버렸다. P&G라는 회사를 얕잡아 봤기 때문이다. 마케팅 담당 임원은 말했다.

"우리도 나름대로 그런 생리대에 대해 알아봤어요. 하지만 전혀 신경 쓸 필요가 없어요. P&G라는 회사가 글로벌기업이기는 하지만, 미국시장에서 생리대 점유율이 20~30퍼센트밖에 안 되는 회사예요. 그런 회사가 한국에 진출한다 치더라도 우리 회사의 적수가 될 리는 없습니다."

그때만 해도 유한킴벌리의 생리대 시장점유율은 67퍼센트에 이르렀다. 유한킴벌리는 1971년 국내 최초의 생리대 '코텍스Kotex'를 선보이며 1980년대까지 경쟁자 없이 승승장구했다. 하지만 그 임원의 생각은 오산이었다. 미국에서 P&G는 생리대시장의 후발주자였고, 킴벌리클라크라는 선도 경쟁기업이 있어서 시장점유율이 우리나라처럼 높을 수 없는 상황이었다.

"편지를 보니 구구절절하게 썼는데 너무 걱정하지 마세요. 소비자조사 결과를 보더라도 우려할 일이 없고, 우리와는 게임이 안 되는 제품입니다."

유한킴벌리 임원은 이렇게 말했다. 그것은 국내에서 처음으로 생리대를 출시해 1위를 이어가고 있는 회사의 자신감을 드러낸 말이었다. 1983년부터 유한킴벌리가 독점하고 있던 생리대시장에 쌍용 등 대기업과 한국참, 영진약품 등 중견기업이 뛰어들면서 경쟁이 치열해지고 있었다. 그러나 어느 회사도 유한킴벌리의 벽을 뛰어넘지는 못했다. 1등이라는 달콤한 안주가 계속되었다.

드디어 1989년 P&G가 국내에 진출했다. 일본 공장에서 만든 생리대 제품을 들여와 국내에서 대대적인 판촉활동에 들어간 것이다. 유한킴벌리 고객상담실의 한 사원이 초등학교 양호실에 갔을 때였다. 양호실 한구석에 위스퍼 박스가 쌓여 있었다. 유한킴벌리 사원이 "저게 뭔가요?" 하고 묻자, 양호교사는 "P&G라는 회사에서 학생들에게 나눠주라고 보낸 거예요"라며 퉁명스럽게 대답했다.

그 사원은 회사로 돌아온 뒤 몇몇 초등학교 양호실에 전화를 돌렸다. 전화를 받는 양호교사마다 P&G에서 생리대 수십 박스를 놓고 갔다고 말했다. 국내에 진출한 P&G가 샘플을 돌리면서 한국시장 장악에 나서고 있었던 것이다.

이런 상황에서도 유한킴벌리는 여전히 안주하고 있었다. P&G가 제아무리 글로벌기업이라 해도 국내시장에는 그 여파가 미미할 것이라는 낙관적인 기대감을 갖고 있었던 것이다. 물론 이유는 있었다. 10개들이 코텍스 생리대 팩이 500원에 팔리고 있었다. 반면 10개들이 위스퍼 생리대 팩은 1,380원에 팔렸다. 위스퍼는 코텍스보다 가격이 2배가 넘게 비쌌다. 위스퍼가 너무 고가여서 쓰는 사람만 쓰는 제품에 그칠 것이라는 기대감이 유한킴벌리 안에 퍼져 있었다.

하지만 상황은 낙관했던 대로 움직이지 않았다. P&G는 산간벽지 학교에까지 샘플을 쏟아내며 판촉에 열을 올렸다. 위스퍼를 써본 사람이 늘어나면서 "위스퍼가 너무 좋다", "피부에 잘 맞아", "돈이 없어 못 살 정도야"라는 입소문이 슬금슬금 퍼지기 시작했다.

사실 위스퍼는 한국 여성들에게 센세이션이라는 표현이 맞을 정도로 충격을 가져왔다. 유한킴벌리는 코텍스의 후속으로 '코텍스', '코텍스 바디라인', '코텍스 프러스', '코텍스 수퍼슬림 맥시 프러스', '코텍스 클래식 프러스', '코텍스 울트라 슬림 프러스' 등 수많은 제품을 쏟아냈지만, 혁신적이지 않았고 두께는 7~10밀리미터로 두꺼웠다. 그러다보니 여성들은 생리대를 사용할 때 마치 방석에 앉아 있는 것 같다는 얘기를 할 정도였다. 반면 위스퍼는 얇았다. 얇으면 생리가 새기 쉬운데 그걸 막아주는 장치가 있었다. 날개였다. 새는 걱정도 덜어주었다.

제품의 질에서도 차이가 났다. 당시 코텍스 생리대는 부직포 재질이었다. 부직포는 친수성이 있어 축축하고 눅눅한 느낌을 주었다. 하지만 P&G의 위스퍼는 필름커버를 부착해 보송보송한 느낌을 주었다.

P&G가 국내에 진출할 즈음, 때를 맞춰 그동안 금지된 생리대 TV광고 규제가 풀리기 시작했다. 그동안 국내 생리대 업체들은 TV광고를 하고 싶어도 못했다. 때문에 유한킴벌리는 주로 여성지를 중심으로 광고를 진행했다. 그러나 P&G가 국내에 진출하자, 곧바로 TV광고가 허용된 것이다. P&G는 TV광고를 활용해 인지도를 높이기 시작했다. 위스퍼는 당시 세련된 이미지의 아나운서 한성주를 모델로 기용했다. 잘나가는 방송인을 모델로 삼아 전문직 여성이 쓰는 제품이라는 이미지를 심어주기 위해서였다.

날개 달린 위스퍼의 도전으로 유한킴벌리의 생리대 매출액은 뚝뚝 떨어지기 시작했다. 시장에서는 '추락하는 것은 날개가 없다'는 뼈 있는 농담이 나올 정도로 하락률이 눈에 띄었다. 웬만한 추락이 아니었다. 5년 만에 1등이 뒤바뀌었다. 70퍼센트에 육박하던 유한킴벌리 생리대의 시장점유율은 19.5퍼센트까지 떨어졌다.

위기일수록 처음부터
다시 시작한다

　유한킴벌리의 추락은 1등이라는 자만심이 초래한 결과였다. 제품만 만들어 내놓으면 팔릴 것이라는 오만 때문이었다. 그러나 시대는 변하고 있었다. 1989년 1인당 국민소득은 5,000달러를 넘어섰다. 소득수준이 높아지면서 그동안 별다른 고민 없이 제품을 사서 쓰던 고객의 의식도 깨어나기 시작했다. 기업이 만든 제품을 일방적으로 쓰기보다 "나도 내가 원하는 제품을 돈 주고 쓸 거야"라는 흐름이 확산되고 있었다.

　시장이 변하고 있었던 것이다. 생산자 위주의 시장에서 고객 위주의 시장으로 바뀌고 있었다. 그러나 1위에 안주하던 기업은 변화에 둔감해지기 마련이다. 초기에 유한킴벌리가 생리대시장의 변화에 제대로 대응하지 못한 이유는 바로 이 때문이다.

　물론 유한킴벌리도 위스퍼를 따라잡기 위해 얇은 생리대를 내놓았다. '코텍스 울트라 신$_{thin}$'이라는 제품을 내놓았지만 고객들은 외면했다. 기술력이 여전히 P&G에 미치지 못했기 때문이다.

　유한킴벌리는 생리대사업을 계속하느냐, 접느냐의 기로에 서 있었다. 1992년 비상대책 회의가 열렸다. 생리대사업을 포기하느냐 마느냐를 선택하는 회의였다. 격론이 벌어졌다. 회의 도중 "여성이 쓰는 제품을 만족시키지 못하는 상황에서 다른 생활용품이 여성 고객에게 선택을 받을 수 있겠느냐?"는 근본적인 질문이 나왔다. 유한킴벌리가 만드는 기저귀, 두루마리 화장지 등 주요 제품의 핵심 구매계층은 여성이었다. 생리대가 이들의 마음에 들지 않는다면 다른 제품도 마찬가지일 수밖에 없었다. 결국 "생리대사업을 계속해야 한다"는 데 의견이 모아졌다.

반전을 위한 대안을 찾아야 했다. 유한킴벌리는 처음부터 다시 시작하는 마음으로 제품개발에 나섰다. 신제품을 개발하기에 앞서 국내 여성이 바라는 생리대의 특성을 파악하기 위해 고객 설문조사를 20회 이상 진행했다. 여성들은 패드의 두께는 얇은 반면 흡수가 빠르고 뽀송뽀송한 제품, 새거나 흘러내리지 않는 제품을 원했다. 새지 말아야 하고, 흡수가 잘 돼야 하고, 착용감이 좋아야 했다.

무엇보다 가장 중요한 것은 품질이었다. 개발팀은 기술개발에 매달렸다. 위스퍼보다 빠른 흡수력을 지닌 제품을 만들어야 했다. 양이 많은 날에도 축축한 느낌이 들지 않도록 해야 했다. 미묘한 차이지만 여성들이 그 미묘함을 느낄 수 있는 기술을 개발해야만 했다.

많은 사람들은 생리대를 만들기 쉬운 제품으로 알고 있다. 하지만 그렇지 않다. 작은 생리대 하나에는 수많은 기술특허가 들어가 있다. 방수막, 흡수층, 커버 등 생리대 곳곳에 특허가 걸려 있다. 시간이 걸릴 수밖에 없지만 유한킴벌리 직원들은 포기하지 않았다.

기술개발팀에서 점점 품질이 향상된 제품을 내놓기 시작했다. 최종 개발된 제품은 3중 흡수구조의 필름커버였다. 기존 부직포 커버를 개선한 1밀리미터 두께의 신소재로 빠르게 흡수하는 표면층과, 역류 방지 기능의 중간층, 저장 기능의 흡수층을 결합한 3중 흡수구조였다. 또 표면층과 중간층이 들뜨지 않도록 육각무늬 누빔처리를 해 뭉치거나 새지 않도록 했다. 공기가 잘 통하는 겉 커버 등 신소재도 적용했다.

새 제품에서는 생리가 새거나 생리대가 밀려나가는 느낌을 확 줄였다. 기존의 필름커버는 끈적끈적하고 몸에 달라붙는 느낌이 든 반면, 새로 개발한 제품은 쿠션 느낌을 주며 끈적거리는 느낌을 대폭 줄였다. 부드러운 점을 차별화한 것이다.

유한킴벌리는 고객을 상대로 리서치를 진행했다. 10여 차례 고객조사 후에 받은 점수는 61 대 31이었다. 61퍼센트의 고객이 새 제품을 경쟁사 제품보다 더 좋다고 평가했다. 경쟁제품을 기술로 이긴 것이다.

기술개발로 품질이 향상된 제품을 만들었지만, 이 제품에 어떤 브랜드를 붙이느냐가 고민이었다. 브랜드 네이밍 작업이 필요했다. '코텍스 슈프림'으로 하자는 얘기가 나왔다. 투자회사인 미국의 킴벌리클라크가 당시에 내놓은 브랜드를 가져와 활용하자는 아이디어였다.

하지만 우리나라에서는 좋은 네이밍이 아니었다. '최고'란 뜻의 슈프림은 미국에서는 좋은 이미지였지만, 우리나라에선 직관적으로 확다가오는 느낌이 아니었다. 오히려 슈프림이라는 단어는 커피나 엔진 오일을 떠올리게 했다.

빠른 시간 안에 시장점유율 되찾아와야 하는데, 슈프림으로는 시간이 오래 걸릴 것으로 예상됐다. 1990년대 들어서 시장은 이미 위스퍼로 돌아서고 있었다. 위스퍼가 세련되고 앞서 가는 이미지였다면, 코텍스는 엄마가 쓰는 생리대라는 이미지가 굳어지고 있을 때였다. 유한킴벌리는 코텍스의 이미지에서 어떻게든 벗어나야 했다.

생리대 브랜드
'화이트'의 탄생

새로운 브랜드를 찾아야 했다. 회사는 전 사원에게 새로운 브랜드 아이디어를 공모했다. 마케팅팀은 몇날 며칠 밤을 새우며 새로운 브랜드를 고민했다. 그러다 여성이 생리에서 느끼는 고민에서 브랜드네임을 찾아보기로 했다. 생리를 할 때 여성이 원하는 게 무엇인지를 되물어보았다. 여성들은 생리의 붉은색은 어쩔 수 없지만 '깨끗했으면 좋겠다'고 생각했다. 유한킴벌리 직원들은 "그래, 생리를 할 때도 평상시처럼 깨끗해야 하는 거야!"라는 결론을 내렸다. 깨끗한 이미지의 그 무엇을 브랜드네임으로 만들어야 했다. "그렇다면 깨끗한 이미지의 대표적인 게 뭘까?", "우리나라 사람들이 가장 선호하는 색은 뭐지?" 등의 새로운 고민에 부딪혔다.

그 답은 '화이트'였다. '화이트White'라는 브랜드는 그렇게 해서 나왔다. 회사 안에서 사원을 대상으로 공모를 했을 때도 몇몇 사원은 화이트란 브랜드를 내놓았다. 마지막으로 전 사원을 대상으로 몇 개의 브랜드네임을 놓고 설문조사를 벌였다. 선택은 화이트였다. 고객을 대상으로 한 조사결과, 고객들은 화이트에서 '깨끗함', '눈', '구름', '맑은 유리'처럼 좋은 느낌의 이미지를 떠올렸다.

브랜드를 만들었다고 끝난 건 아니었다. 오히려 새로운 시작이었다. 브랜드 이미지를 보여줄 새로운 카피를 만들어야 했다. 위스퍼는 '깨끗해요'라는 광고카피를 내보내고 있었다. 위스퍼가 이미 깨끗함을 선점하고 있었던 것이다. 유한킴벌리 역시 '우리는 정말 깨끗해요', '진짜진짜 깨끗해요', '경쟁사보다 더 깨끗해요'라고 해서는 게임을 할 수 없었다.

위스퍼와 다르다는 점에서 포인트를 찾아야 했다. 화이트는 '육각무늬 스티치로 뽀송뽀송한 느낌을 주기 때문에 위스퍼와 다르잖아요'가 컨셉이었다. 그렇다면 '다르다'로 가야 했다. '깨끗함이 달라요'는 그렇게 나왔다. '화이트'라는 브랜드에 맞게 깨끗한 이미지도 주면서 기존에 나온 생리대와는 또 다른 차이를 보여주는 카피였다.

가격 정책도 중요했다. R&D 투자와 높은 품질, 좋은 원자재를 선택하면서 원가부담이 늘어났다. 그렇지만 도전자로 상황이 바뀌었기 때문에 1등을 고려하지 않을 수 없는 노릇이었다. 가격을 "위스퍼와 같게 책정하느냐", "품질과 원가를 낮춰 동일하게 하느냐", "싸게 하느냐"를 놓고 밤샘 마라톤 회의가 이어졌다. 결론은 "더 높은 품질로 위스퍼보다 더 고가제품으로 포지셔닝하자"는 것이었다. 소득수준이 높아지고 있는데다, 위스퍼가 만들어놓은 고급화 전략으로 비싼 생리대가 좋다는 흐름이 있을 때였다. 그렇게 해서 더 높은 품질의 화이트를 위스퍼보다 10퍼센트 더 비싼 가격에 시장에 내놓았다. 유한킴벌리 사원들은 고객에게서 "화이트는 제품은 좋은데 너무 비싸요"라는 목소리를 내심 듣고 싶었다. 그 말은 곧 품질이 뛰어나다는 것을 의미했기 때문이다.

타깃고객 선정도 풀어야 할 과제였다. 그때까지만 해도 코텍스의 타깃고객 연령대는 25~34세였다. 타깃고객의 연령을 낮추자는 데 의견이 모아졌다. 마켓 엔트리를 낮게 정하자는 전략이었다. 초경을 할 때쯤의 여성으로 연령대를 낮췄다. 이전에 생리대를 써보지 못한 계층을 새로운 고객으로 창출하자는 전략이었다.

그렇다면 광고모델도 달라져야 했다. '여중생과 여고생이 가장 선호하는 사람이 누구일까?' 고민했다. 오피니언리더나 유명 모델보다 옆집에 사는 여대생 언니일 것이다. 여대생은 나이가 든 여성에게도 효과적일 수 있었다. '옆집에 사는 발랄한 여대생이 쓰는 제품을 나도 쓰고 싶다'는 느낌을 줄 수 있기 때문이다.

전 사원이 뭉쳐
P&G를 이기다

드디어 유한킴벌리는 도전장을 냈다. 1995년 10월 3일, 하늘이 열린 날인 '개천절'에 화이트가 출시됐다.

유한킴벌리는 화이트의 론칭 광고 때부터 깨끗한 얼굴에 차분한 목소리의 여대생들이 나와 화이트를 써본 경험을 이야기하는 광고를 내보냈다. 그때 나온 광고모델 중의 한 명이 바로 김태희였다. 곧 젊은 층에서부터 반응이 일어나기 시작했다. 옆집 언니 같은 대학생이 나오는 광고도 바람을 탔다. 타깃마케팅이 주효했던 것이다. "깨끗함이 달라요"라는 광고카피는 많은 사람들의 기억 속에 자리잡을 수 있었다.

화이트라는 브랜드네임과 포장디자인, 광고에서 일관적으로 깨끗한 이미지를 포지셔닝해 고객의 마음속에 생리 때의 불쾌감과 짜증스러움에서 벗어나는 느낌을 끌어냈다. 그 결과, 위스퍼에 익숙해져 있던 고객들에게 어필할 수 있었다. 여기에 깨끗함, 청순함, 순수함 등의 이미지를 떠올리게 하는 화이트, 블루, 그린 색상을 중심으로 한 포장디자인을 개발해 진열효과도 극대화했다.

물론 한번 떠난 고객을 다시 끌어들이는 건 쉬운 일이 아니었다. 웬만해서는 사용하던 브랜드를 바꾸지 않는 여성 생리대시장에선 더더욱 어려운 일이었다.

유한킴벌리는 신제품을 출시하면서 이벤트나 행사를 벌이지 않았고 싼 가격으로 프로모션을 하지도 않았다. 대신 엄청난 샘플을 만들어 돌렸다. 사원들은 발로 뛰었다. 샘플만 2,000만 개에 이르렀다. 우리나라 생리 여성 인구가 한 개씩 사용할 수 있는 어마어마한 양이었다. 샘플은 타깃고객을 의미했다. 주로 여중고와 여대 앞에서 나눠주었다. 이들은 생리대 브랜드 경험이 많지 않아 경쟁사의 브랜드 로열티가 상대적으로 낮은 유연한 집단이었다. 유한킴벌리는 이들이 미래의 고객이고, 시장에 새로운 바람을 일으킬 수 있을 것이라는 믿음이 있었다.

강남 지역은 시장을 뚫기 가장 어려운 지역 중의 하나였다. 강남에서는 위스퍼에 대한 프라이드가 확실히 강했다. 이 지역 여성들은 백화점에서 생리대를 구입할 때 당당하게 위스퍼를 카트에 넣었다. 화이트에는 눈길조차 주지 않았다. 압구정동 현대백화점은 마지막까지 위스퍼가 화이트보다 우위를 차지한 지역이었다. 하지만 강남에서도 유한킴벌리의 도전은 계속됐다. 강남의 여학교 앞에서 샘플 마케팅을 벌였고, 백화점 등에서는 도우미 행사요원이 세련되게 화이트를 홍보하도록 했다.

이런 샘플링 전략은 점점 효과를 발휘했다. 3개월 정도 샘플링 작업을 했더니, 화이트를 써본 고객들로부터 "좋다"라는 말이 나오기 시작했다.

화이트가 젊은 층에서 선풍적인 인기몰이를 하자, 유한킴벌리는 나이 대를 넓혀나가는 마케팅전략도 세웠다. 화이트는 10대 중반에서 20대 초반의 여성이 타깃고객이었다. 하지만 구매력이 높은 층은 그 이상의 연령대였다. 나이 든 여성도 화이트로 바꾸도록 만들어야 했다. 광고를 통해 새로운 시도를 했다. 대학생 딸이 "우리 엄마요? 한번 써보고 바로 바꿨어요"라고 말하는 광고를 제작했다.

처음에는 회사 안에서도 이 광고에 대해 부정적인 의견이 있었다. "젊은 여성 중심으로 광고를 하다가 엄마가 왜 나오냐?"는 이유에서였다. 하지만 엄마와 딸이 있는 얘기, 없는 얘기 다하는 밀접한 관계임을 생각해보면 광고에서 생리대가 그 연결고리 역할을 할 것이라는 의견이 제기됐다. 결국 그 광고 역시 좋은 반응을 얻었다. 그 뒤에 나온 광고카피인 '써보고 바로 바꿨어요'도 히트를 쳤다. 초경을 할 때쯤인 여학생들을 위해 '화이트 엔젤'이라는 캐릭터도 선보였다. 이 캐릭터로 힘들 때 지켜주는 수호천사의 이미지를 심어주었다. '딸에겐 반드시 이 제품을 권해주셔야 합니다'라는 카피도 나왔다. 엄마가 딸에게 사주는 생리대로 포지셔닝하기 위해서였다.

유한킴벌리 사원과 가족들은 자신의 집 인근 슈퍼마켓 10여 곳을 찾아 화이트가 놓여 있는지 확인을 했고, 화이트가 없는 곳에서는 화이트를 주문할 정도로 열정을 보였다.

필드의 영업사원 역시 1위를 되찾기 위해 헌신적인 노력을 기울였다. 영업사원들은 시장점유율 70퍼센트의 기억을 되살리기 위해 무던히 노력했다. 그들은 코텍스가 추락하면서 대리점과 소매상 주인의 무덤덤한 얼굴과 외면하는 모습을 온몸으로 겪어야 했다. 코텍스 생리대가 매장 아래쪽에서 먼지에 쌓이고 있는 것도 지켜봐야 했다. 잘 팔리는 위스퍼는 매일 여러 개가 팔려나가는데도 코텍스는 진열조차 하지 못하는 것을 지켜봐야 했다.

화이트는 이 모든 상황을 바꾸기 시작했다. "화이트 다섯 박스 가져다 진열해주세요" 등 영업부로 주문이 쑥쑥 들어왔다. 그럴 때마다 사원들은 몸은 힘들지만, 전혀 그런 생각이 들지 않을 정도로 신나게 일을 했다.

사실 1989년부터 1995년까지 유한킴벌리는 위스퍼에 대항하기 위해 여러 제품을 시장에 내놓았지만 모두 실패로 끝났다. 무엇을 만들어도 팔리지 않았다. 유한킴벌리 사원들의 고민은 깊어졌다. 내일이면 P&G가 어떤 제품을 선보이고 어떻게 마케팅을 펼쳐나갈지 걱정이 돼 잠을 이루지 못할 정도였다.

하지만 화이트가 날개를 단 듯 팔려나가자 상황은 달라졌다. 성과가 팍팍 나니까 새벽 2시까지 일을 해도 힘들거나 피곤하지 않았다.

드디어 기다리던 피드백이 서서히 오기 시작했다. "제품은 좋은데 너무 비싸다"는 얘기였다.

화이트는 1995년 말 시장에 나온 지 1년 만에 단일 브랜드로 12퍼센트에 이르는 시장점유율을 기록했다. 유한킴벌리는 화이트를 내놓으면서 5년 안에 잃어버린 1등자리를 되찾겠다는 각오를 새겼다. 그러나 그 약속은 더 빨리 이루어졌다. 5년이 채 안 된 3년 9개월 만에 P&G보다 시장점유율 0.1퍼센트를 앞서면서 다시 1위 자리를 차지한 것이다.

유한킴벌리가 글로벌기업인 P&G를 꺾을 수 있었던 이유는 바로 사원 전체가 똘똘 뭉쳐 노력했기 때문이다.

실패했다면
철저히 분석하고
다시 도전하라

두 번의 실패 끝에 시장을 재패하다, 하기스 매직팬티

일회용 종이기저귀에 있어서도 P&G는 강력한 선두기업이었다. 이 회사의 화학자인 빅터 밀스는 손주의 헝겊 기저귀를 갈아주는 불편함을 겪다가 흡수가 잘 되고 샘을 방지하는 일회용 기저귀를 개발하게 됐다. 브랜드명은 '응석을 받아주다'라는 뜻을 가진 단어 '팸퍼pamper'에서 따온 '팸퍼스Pampers'였다.

팸퍼스는 1961년 12월 일리노이 주 페오리아에서 출시됐다. 종이기저귀가 나올 당시 대부분의 미국인은 부모가 아이를 데리고 여행갈 때 쓰는 편의용품으로 여겼다. 하지만 P&G는 고객의 인식을 바꿔놓기 위해 다양한 노력을 기울였다. 일단 산부인과 병실을 타깃으로 정했다. 갓 태어난 아이에게 팸퍼스를 사용하도록 샘플을 제공했다. 처음부터 종이기저귀를 쓴 엄마들이 계속 종이기저귀를 쓸 확률이 높았기 때문이다. 병원에 무료샘플을 많이 돌린 데는 또 다른 이유가 있었다. 당시 산부인과 병실은 갓난아이들이 내놓은 기저귀를 세탁하느라 골머리를 앓고 있었다. P&G는 종이기저귀를 사용하면 병원의 세탁비용을 줄일 수 있다는 점을 부각시켰다.

유통 채널도 개선했다. 당시 종이기저귀는 주로 약국에서 판매됐다. P&G는 접근성이 떨어지는 약국보다 슈퍼마켓에서 기저귀를 팔기 위해 유통 대리점을 설득해나갔다. 영업사원들의 노력으로 기저귀는 슈퍼마켓에 입성했지만 진열할 장소를 찾지 못했다. 그 당시 P&G 영업사원들은 주로 화장품을 슈퍼마켓에 판매했는데, 크기가 작은 화장품과 부피가 큰 기저귀는 서로 어울리기 힘든 품목이었다.

P&G는 팸퍼스를 시장에 내놓을 때 중산층 이상의 가정을 타깃으로 잡았다. 하지만 팸퍼스는 저소득층 가정에서도 큰 인기를 끌었다.

한 가지 놀라운 것은 이 제품을 구매한 고객층이었다. 애초에 P&G는 종이기저귀 판매 대상을 부유한 부모들로 예상했다. 그러나 팸퍼스를 주요 도시 지역에 출시하면서 저소득층 고객들도 이 제품을 원한다는 사실이 드러났다. 한번은 뉴욕의 하층민 공동주택에 거주하는 한 여성이 회사에 전화를 걸어왔다. 그 여성은 팸퍼스가 없을 때는 더러워진 기저귀를 들통 가득 들고는 4층

을 내려가 두 블록 떨어진 곳에 있는 동전으로 작동되는 세탁기까지 걸어가야

했다고 털어놓았다. 팸퍼스가 전 세계에 출시됐을 때도 같은 현상이 발생했

다. 가정용 세탁기나 건조기가 흔하지 않던 나라의 고객들은 이 제품을 달라

고 아우성쳤다.

— 데이비스 다이어 등의 《브랜드 제국 P&G (Rising Tide: Lessons from 165 Years of Brand

　Building at Procter & Gamble)》 (2003)

　팸퍼스가 처음 시장에 나올 때는 부피가 크고 무거워 큰 호응을 얻

지 못했다. 하지만 지속적인 품질개선과 가격인하로 서서히 인기를

모으기 시작하자 후발주자도 시장에 참여하기 시작했다. P&G보다

훨씬 일찍 종이기저귀를 실험했던 킴벌리클라크는 1968년 '킴비즈'를

선보이며 기저귀시장에 뛰어들었다. 킴벌리클라크는 코텍스 생리대

를 만드는 기술을 활용해 흡수력이 뛰어난 제품을 내놓았다. 당시 팸

퍼스는 기저귀를 핀으로 둘러쌌지만, 킴비즈는 접착성 테이프로 둘

러싸도록 만들어 엄마들이 쉽게 이용할 수 있게 했다. 하지만 킴비즈

는 팸퍼스의 벽을 넘을 수 없었다.

　1970년 팸퍼스는 미국의 기저귀시장에서 시장점유율이 92퍼센

트에 이르렀다. '기저귀=팸퍼스'라는 등식이 생겨날 정도였다. 결국

P&G와 경쟁하던 존슨&존슨과 스카트는 기저귀사업을 접고 말았다.

하지만 킴벌리클라크는 손을 떼지 않았다. 이후 지속적인 품질개선

을 통해 팸퍼스의 시장점유율을 야금야금 잠식해들어갔다.

P&G는 시장을 잠식해들어오는 킴벌리클라크에 대항하기 위해 1976년 프리미엄 브랜드 '러브스Luvs'를 내놓았다. 러브스의 가격은 팸퍼스보다 30퍼센트 더 높았다. 팸퍼스를 중저가 브랜드로, 러브스를 프리미엄 브랜드로 삼았다.

킴벌리클라크도 때를 맞춰 1978년 기술적으로 향상된 기저귀 '하기스Huggies'를 내놓았다. 하기스는 팸퍼스보다 아기의 몸에 더 잘 맞았고 흡수력도 더 우수했다. 좀 더 편리해진 테이프 조절 기능도 추가됐다. 이런 차이에도 불구하고 가격은 팸퍼스보다 겨우 몇 센트만 비쌌다.

하기스는 1980년 미국시장점유율 7퍼센트에서 1989년 32퍼센트로 다섯 배 가까이 성장했다. 반면 P&G의 미국시장점유율은 70퍼센트에서 48퍼센트로 떨어졌다.

1989년 킴벌리클라크는 또 하나의 히트작을 내놓으며 미국시장에서 2위에서 1위로 올라섰다. 바로 팬티형 기저귀였다. 꽉 조이는 기저귀가 아닌 팬티처럼 입을 수 있는 기저귀는 아기에게는 편하고 부모에게는 편리했다. 킴벌리클라크는 이 팬티형 기저귀를 '풀업스Pull-ups'라는 브랜드로 시장에 내놓았다. 풀업스는 기저귀에 밴드가 붙어 있어 아기가 혼자서 입고 벗을 수 있었다. 광고카피는 "이제 다 큰 아이랍니다"였다.

새로운 제품을 시장에 선보일 때는 포지셔닝positioning이 중요하다. 포지셔닝은 시장에서 상품 또는 기업의 이미지를 고객의 인식에서 어떻게 자리잡게 할 것인가를 뜻한다.

풀업스의 포지셔닝은 '배변훈련용 팬티'였다. 보통 기저귀는 20개월 전후로 떼는데, 팬티형 기저귀는 20~30개월 아이를 대상으로 했다. 기저귀를 찰 나이가 지났지만, 배변훈련을 시작해야 할 필요가 있는 400만 명가량의 아기들을 둔 미국 부모들이 타깃이었다. 이 시기 아이들은 배변이 서투른데, 배변을 연습하기 위해 활용하는 기저귀로 포지셔닝한 것이다.

풀업스는 큰 인기를 끌었다. 두 살이 넘은 아이에게는 기저귀를 채우지 않던 부모들이 네 살이 넘은 아이에게도 풀업스를 입혔던 것이다. 킴벌리클라크는 풀업스를 통해 시장을 넓혀나가면서 시장을 주도할 수 있게 됐다. 풀업스는 아기들이 기저귀를 착용하는 기간을 늘리는 결과도 가져왔다.

1961년 기저귀시장에 뛰어든 P&G는 종이기저귀시장에서 선두를 달렸지만, 후발주자였던 킴벌리클라크의 제품 혁신 전략을 따라잡지 못해 2등으로 추락했다. 반면 킴벌리클라크는 풀업스를 시장에 내놓으면서 1등을 따라잡을 수 있었다. 2001년 P&G는 미국시장점유율이 33퍼센트까지 떨어지면서 45퍼센트를 넘은 킴벌리클라크와 격차가 더욱 많이 벌어졌다.

풀업스의 마케팅은 여러 가지 측면에서 성공을 거두었다. 첫째, 기존의 기저귀 제품이 치열한 가격경쟁에 시달리고 있는 반면, 풀업스는 킴벌리클라크에 꽤 높은 마진을 가져다주었다. 그리고 시장 전체의 규모를 증가시켰다. 한 유통 전문가의 분석에 따르면 킴벌리클라크는 풀업스를 출시함으로써 기저귀 제품의 라이프사이클을 세 배나 늘렸다고 한다.

둘째, 킴벌리클라크 팬티형 기저귀라고 하는 새로운 하위 카테고리를 창조함으로써, 10년 가까이 시장의 절대 강자로 군림하게 되었다. 풀업스를 출시한 지 2년이 지난 1991년, 풀업스의 연간 매출액은 무려 5억 달러에 달했다.

– 문영미의 《디퍼런트(Different)》 (2003)

팸퍼스의 고전은 시장에 먼저 진출한 쪽이 겪게 되는 딜레마를 보여주는 사례다. P&G는 팸퍼스의 성공 때문에 발목이 잡힌 것이다. 과거의 영광이 미래의 발목을 잡는 '레거시legacy' 문제인 셈이다. 탁월한 후속제품이 나오면 먼저 내놓은 제품의 시장을 깎아먹는 '카니벌라이제이션cannibalization 효과'라고 볼 수도 있다. P&G가 팸퍼스를 선보인 뒤, 킴벌리클라크가 그보다 품질을 향상시킨 러브스를 내놓으면서 러브스가 팸퍼스의 시장점유율을 깎아먹었기 때문이다.

첫 번째 팬티형 기저귀
'풀업스'의 실패

1990년대에 들어서면서 유한킴벌리의 기저귀사업에 위기가 닥쳐왔다. P&G가 일본에서 만든 팸퍼스를 한국에 갖고 와 판매하기 시작한 것이다. P&G의 팸퍼스는 일본에서 혹독한 시련을 겪으면서 체질을 강화했다. 일본에 진출했던 P&G는 깐깐한 일본인의 눈높이에 맞추지 못해 진출 초기 기저귀사업에 상당한 어려움을 겪었다. 이에 P&G는 일본인이 좋아하는 작은 크기와 더 강력해진 흡수력, 더 뛰어난 마감처리에 초점을 맞춰 제품을 개선했다. P&G는 일본시장을 전 세계 기저귀 연구개발의 중심지로 정하고, 팸퍼스의 기능을 여러 차례 개선시켰다. 그런 P&G가 한국에 진출한 것이다.

위기의 진원은 P&G만이 아니었다. 쌍용제지가 일본의 유니참과 합작해 '울트라 큐티'라는 브랜드를 내놓았다. 국내 최대 생활용품업체인 엘지화학도 '젬제미'라는 브랜드를 선보였다. 유한킴벌리의 하기스 기저귀는 한때 시장점유율이 60퍼센트가 넘었지만 점점 줄어들어 50퍼센트 밑으로 주저앉았다.

유한킴벌리로서는 새로운 대안이 필요했다. 현재 갖고 있는 제품을 개선하는 한편, 경쟁사가 갖지 못하는 새로운 제품을 선보여야 했다. 그때 마침 킴벌리클라크가 배변연습용 기저귀 '풀업스'를 내놓고 쏠쏠한 재미를 보고 있었다. 킴벌리클라크는 세계화의 일환으로 한국에서 풀업스 출시를 권유했다.

유한킴벌리는 검토 끝에 풀업스를 선택했다. 1983년 하기스가 나온 지 10여 년이 흘러가고 있어, 새로운 제품이 필요한 때였다. 하지만 기저귀 보급률은 아직 성장단계였다. 일반 기저귀보다 비싼 팬티형 기저귀를 내놓는 건 어찌 보면 모험이었다.

그 당시만 해도 엄마가 아기 기저귀를 눈치 보며 쓰던 때였다. 유한킴벌리의 한 상무는 "당시엔 며느리가 종이기저귀를 쓰는 것을 보면 시어머니가 '한 번 쓰고 버리는 기저귀를 사는 데 아들이 번 피 같은 돈을 쓰는 여자가 어디 있느냐'며 꾸지람을 했을 정도였다"고 회상했다. 또 다른 유한킴벌리 상무는 "당시 한 시어머니는 일회용 종이기저귀를 쓰는 게 아까워 아기가 소변을 눈 기저귀를 버리지 않고 마루에서 말린 뒤 다시 쓰게 한 적도 있다"고 말했다.

이런 현실에서 새로운 형태의 팬티형 기저귀를 선보이는 건 너무 이른 감이 있었다. 하지만 날로 치열해지고 있는 시장을 선도하기 위해서는 새로운 제품을 내놓는 것밖에 대안이 없었다.

게다가 예비 고객을 대상으로 한 '제품 수용도 조사'에서 풀업스는 기대보다 좋은 결과를 보여주었다. 킴벌리클라크의 풀업스 가격은 일반 기저귀보다 40퍼센트 이상 비쌌지만, 제품이 나오면 구매를 하겠다는 의향을 밝힌 고객이 80퍼센트 이상이었다.

가장 고민이 된 건 역시 포지셔닝이었다. 풀업스는 미국에서 배변 연습용으로 출시됐다. 킴벌리클라크는 풀업스 제품을 전 세계에 동일하게 포지셔닝해야 한다는 생각을 갖고 있었다. 반면 유한킴벌리는 배변연습용이라는 포지셔닝이 우리나라에 맞지 않다고 여겼다. 이 때문에 두 회사의 마케팅팀은 제품 포지셔닝을 놓고 설전을 벌이기도 했다. 그러나 킴벌리클라크의 세계화에 대한 의지가 너무 강했다. 유한킴벌리 역시 경쟁을 뚫고 나갈 다른 대안이 없었다.

결국 브랜드와 포지셔닝을 미국에서 했던 것 그대로 따라하기로 했다. 유한킴벌리는 자체 생산이 아니라 미국에서 그대로 들여온 제품으로 판매를 준비했다. 일부 대리점은 미국에서 히트를 친 제품이 출시되면 우리나라에서도 선풍적인 인기를 모으게 될 것이라는 기대감을 나타내기도 했다.

1993년 12월 유한킴벌리의 풀업스가 시장에 출시됐다. 유한킴벌리는 킴벌리클라크처럼 20개월 전후의 아기를 위해 배변연습용 기저귀란 점을 홍보했다. 그러나 시장에 나온 뒤 3개월이 흘렀지만 추가 주문이 들어오지 않았다.

유한킴벌리는 광고가 불충분했나 싶어 제품 홍보에 대대적인 투자를 진행했다. 미국에서 성공한 제품이었기에 한국에서도 성공할 것이라는 생각에 유한킴벌리 사원들은 열심히 뛰었다. 거래선 판촉과 영업사원, 대리점의 인센티브 등 동원할 수 있는 모든 판촉활동이 진행됐다. 출시 후 1년 동안은 판매금액보다 광고비가 더 많았다. 1년 6개월 동안 쓴 판촉비는 단일 브랜드 가운데 창사 이래 가장 많은 액수였다.

그러나 이 모든 노력은 물거품이 돼버렸다. 판매는 여전히 저조했다. 대신 재고는 급증했다. 몇몇 대리점에는 1년 치 재고가 쌓여 있었다. 팬티형 기저귀를 팔기 위해 다방면으로 노력했지만 전체 기저귀 시장의 1퍼센트를 끝내 넘지 못했다. 손실 규모만 100억 원대에 이르렀다.

게다가 경쟁회사인 쌍용제지가 일본의 유니참과 손잡고 일본식 팬티형 기저귀를 시장에 내놓았다. 제품 포지셔닝은 '배변연습용'이 아닌 '입히는 기저귀'였다.

풀업스는 시장에 나온 지 2년 만에 소리 소문 없이 사라졌다. 한국과 동시에 풀업스를 시장에 출시했던 멕시코와 호주에서는 어느 정도 선전했지만, 한국에서는 참패였다. 유한킴벌리의 기저귀사업은 절망으로 내몰리고 있었다.

두 번의 실패에서 배워
다시 도전하다

실패는 또 다른 실패를 낳았다. 유한킴벌리는 물론 킴벌리클라크는 풀업스에 미련을 버리지 못했다. 유한킴벌리는 풀업스의 실패가 포지셔닝을 잘못했기 때문이라고 분석했다. 너무나 공을 들였던 팬티형 기저귀를 어떤 식으로든 시장에 남겨두어야 한다는 생각을 했던 것이다.

이런 생각으로 1996년 또 한 번의 팬티형 기저귀를 시장에 내놓았다. 이번에는 풀업스와 다른 포지셔닝으로 다가갔다. 브랜드네임 역시 다르게 지었다. '하기스 토들러toddler 팬츠'였다. 걸음마를 뜻하는 영어인 'toddler'를 브랜드네임으로 사용한 것이다.

토들러는 12개월 전후의 걸음마를 시작한 아기에게 입히는 팬티형 기저귀였다. 이 기저귀는 국내에서 판매 중인 기저귀 가운데 가장 얇았다. 기존 제품의 3분의 1 수준인 7밀리미터까지 두께를 줄여 착용감을 높였다. 흡수층을 강화해 아기의 움직임이 많아도 용변이 새지 않도록 했다. 허리 부분에는 부직포와 고무성분을 섞은 소재를 사용해 신축성을 높였다.

하지만 역시 실패였다. 오히려 경쟁사의 포지셔닝을 따라한 것에 불과했다. 설상가상으로 1998년 외환위기가 닥치면서 환율은 급등(원화 폭락)했다. 기저귀에 들어가는 수입소재 가격도 급등했다. 팬티형 기저귀는 또 실패했다. 그렇게 팬티형 기저귀는 도전의 2막에서 내려왔다. 무대 밖으로 사라지는 듯했다.

실패를 그냥 넘겨버리는 사람이 있다. 반면 실패를 분석하는 사람도 있다. 실패를 외면하는 사람은 그 실패를 딛고 다시 올라서기 힘들지만, 실패를 분석하는 사람은 그 실패를 딛고 다시 올라설 수 있다. 유한킴벌리는 실패를 다시 분석했다.

우선 두 번씩이나 시행착오를 겪은 원인이 무엇인지를 따져보았다. 미국의 포지셔닝을 무작정 따라간 게 문제였다. 왜 무작정 쫓아갔을까? 그건 고객을 너무 쉽게 생각했기 때문이다. 고객의 인식을 너무나 쉽게 바꿀 수 있다는 생각으로 접근한 것이 화근이었다. 한국 고객을 철저히 분석하지 않고 미국에서 성공했다는 이유만으로 서둘러 제품을 출시한 게 문제였다.

멀리 보지 못하고, 단기적인 시각으로 본 것 역시 실패의 원인이었다. 그 당시 1인당 국민소득은 7,000달러였다. 그런 상황에서 보통 기저귀보다 40퍼센트 더 높은 가격의 프리미엄 제품을 내놓고 고객의 구매의사를 너무 낙관적으로 예측한 것도 패착이었다. 배변연습용으로 한두 달 정도는 사용할 수 있겠지만, 6개월 이상 비싼 프리미엄 제품을 계속 구입하기는 쉽지 않음을 간과한 것이다.

풀업스의 경우 미국과 다른 문화적인 차이도 컸다. 미국은 카펫 문화였다. 미국 엄마들은 카펫에 물기가 번지는 것을 몹시 싫어했다. 그래서 아기가 대소변을 완전히 가릴 때까지 기저귀를 채우기를 원했다.

하지만 우리나라 부모들은 아기들이 대소변을 어느 정도 가리게 되면 완전히 대소변을 가리도록 훈련시키기 위해서 기저귀를 채우지 않고 키우는 경우가 많다. 우리나라는 카펫 문화가 아닌 장판 문화여서 아이들이 방 안에서 대소변을 보더라도 쉽게 청소할 수 있었던 것이다.

'집중화 전략focus strategy'을 쓰지 않은 것도 실패의 한 원인이었다. 집중화 전략이란 특정고객, 제품, 지역 등 특정한 세분시장에 집중하여 기업의 자원을 투입하는 전략을 말한다. 소득수준이 높은 지역의 대형슈퍼 위주로 점진적인 판매를 진행했더라면 상황은 달라졌을지 모른다.

유한킴벌리 직원들은 그 이전부터 글로벌기업이 개별 국가의 특징을 고려하지 않은 채 본사의 기준을 고집해 실패한 경우를 많이 봐왔다. 그런데 유한킴벌리에게도 그런 상황이 닥친 것이다.

결국 풀업스와 토들러의 실패는 마케팅 원론에 나오는 것처럼 제품product, 유통경로place, 판매가격price, 판매촉진promotion이 완벽하게 준비돼야 성공할 수 있다는 교훈을 주었다. 원칙에 충실해야 한다는 교훈이었다.

세 번 만의 성공, 하기스 매직팬티

두 번에 걸친 도전은 실패만 남긴 건 아니었다. 교훈이라는 값진 선물도 남겨 놓았다. 유한킴벌리는 다른 나라의 기술에 의지하지 말고 우리나라 사람에게 맞는 제품을 개발해야 한다는 강렬한 의지를 갖게 됐다. 이런 마인드를 갖고 국내 고객의 니즈에 맞춘 제품을 개발하기로 했다.

2000년에 접어들면서 기저귀시장은 내우외환의 분위기였다. 외환위기를 겪은 뒤 젊은이들이 결혼을 늦추기 시작했다. 결혼할 자금과 정신적인 여유가 없었기 때문이다. 젊은이들이 결혼을 늦추니 출산율도 떨어질 수밖에 없었다. 게다가 생활이 쪼들리다보니, 아이가 있는 가정도 더 이상의 아이를 낳기를 꺼려하는 분위기가 팽배해졌다. 기저귀 판매에 빨간불이 켜지기 시작했다.

일본시장에서 다국적 기업 P&G를 꺾은 일본의 기저귀업체들이 언제라도 한국에 진출할지 모른다는 불안감도 높아만 갔다. 일본의 유아용품 업체들은 자국의 기저귀시장에서 60퍼센트의 시장점유율을 올리면서 승승장구하고 있었다. 넋을 놓고 있다가는 일본에 기저귀시장을 넘겨줄 수도 있다는 위기감이 불어닥쳤다.

결국 두 번의 실패를 거듭한 팬티형 기저귀에 다시 눈길을 돌릴 수밖에 없었다. 하지만 이전처럼 준비 없이 섣불리 시작했다가는 또 다른 실패를 낳기 십상이었다. 한국 고객의 취향에 맞고, 일본 제품보다 더 품질이 좋은 제품을 만들어야 했다. 그래야 승부수를 던질 수 있었다.

다시 팬티형 기저귀 개발에 나섰다. 쉽지 않은 일이었다. 개발 초기부터 번번이 실패했다. 개발에 들어간 지 5년이 흘렀지만 일본 제품을 품질로 이기는 게 쉽지 않았다. 시제품을 만들어 고객사용조사를 해보면 일본 제품에 견줘 7 대 3, 또는 6 대 4로 열세였다. 시제품 생산비와 조사비용만도 10억 원을 훌쩍 넘어섰다. 한국형 팬티기저귀 개발에 나선 지 7년이라는 시간이 그렇게 흘러갔다.

드디어 제품개발팀이 고객조사에서 일본의 1위 제품보다 6 대 4로 우위를 보이는 제품을 개발해냈다. 한국형 팬티기저귀는 우리나라 아기의 체형에 맞게 개발돼 킴벌리클라크의 규격에서 한참 벗어나 있었다. 그러다보니 제품을 만드는 기계를 새로 도입해야 했다. 하지만 두 번의 실패로 약 250억 원이 드는 기계를 설치하는 건 상당한 부담이었다.

물론 방법은 있었다. 기계의 가동률을 높여 설치비를 상쇄하면 됐다. 하지만 신제품이 잘 팔릴지, 지난번처럼 안 팔릴지 모르는 상황에서 거금을 투자하기란 쉽지 않은 결정이었다.

유한킴벌리의 최종 결정은 기계를 설치하고 가동률을 최단 기간 내에 높인다는 것이었다. 2005년 유한킴벌리는 위험을 안고 다시 한 번 팬티형 기저귀를 시장에 내놓는다는 결정을 내렸다.

일단 과거의 실패 경험을 반면교사로 삼아, 브랜드와 포지셔닝을 우리나라 시장에 맞게 정했다. 브랜드네임은 '하기스 매직팬티'로 정했다. 포지셔닝은 '입히는 기저귀'였다. 가격 역시 너무 부담스럽지 않게 했다. 기계 설치 후 낮은 가동률을 기준으로 가격을 잡은 것이 아니라 높은 가동률을 기준으로 원가를 계산했다. 당시 판매되고 있는 기저귀의 20~25퍼센트 정도의 프리미엄만 붙였다. 이전에는 신제품이 출시되면 마케팅팀만 움직였지만 이번에는 공장, 제품개발, 구매, 고객지원, 홍보, 물류, 재무팀과 광고대행사, 판촉대행사 등 관련된 모든 부문이 함께 움직였다.

2005년 11월 하기스 매직팬티가 시장에 첫 선을 보였다. 돌 전후 걷기 시작하면서 활동량과 호기심이 크게 늘어나는 아기의 특성에 맞춰 움직이기 편하고, 간편하게 입고 벗을 수 있도록 디자인한 게 특징이었다. 아이를 억지로 눕히지 않고도 선 상태에서 팬티처럼 입힐 수 있고, 원터치 매직테이프로 간편하게 벗길 수 있었다.

매직팬티는 첫 한 달 동안 월 20억 원의 매출을 올렸다. 예상보다 빠른 속도였다. 하지만 시간이 조금 지나자 월 20억 원대에서 정체되기 시작했다. 또 다시 실패의 악몽이 떠올랐다. 유한킴벌리 직원들은 악몽을 떨쳐버리기 위해 몇 배로 뛰었다. 몇 개월 동안 제자리걸음을 하던 매출액은 다시 상향곡선을 그리기 시작했다. 월 20억 원의 매출이 깨지면서 월 40억 원의 매출을 달성했다. 얼마 지나지 않아 40억 원대에서 60억 원대로 매출액이 뛰기 시작했다.

출시 1년 만에 하기스 매직팬티는 기저귀시장점유율 14퍼센트를 차지했다. 출시 전 66퍼센트였던 유한킴벌리의 기저귀시장점유율은 하기스 매직팬티에 힘입어 70퍼센트를 넘어서 74퍼센트로 올라갔다. 최근엔 하기스 매직팬티가 월 매출 100억 원이 넘어서, 1등 브랜드인 하기스 골드와 비슷한 매출을 올리고 있다. 하기스 매직팬티는 팬티기저귀가 전체 시장의 35퍼센트까지 성장하는 데 견인차 역할을 했으며, 현재 팬티형 기저귀시장에서 부동의 1위를 달리고 있다.

매직팬티가 성공한 이유 중의 하나는 '아이가 걷기 시작하면 기저귀에서 팬티로 바꾸세요'라는 메시지가 고객에게 다가갔기 때문이다. 우리나라 엄마들은 아기가 아장아장 걷기 시작할 때 '우리 아기가 이렇게 컸구나' 하고 생각한다. 아기가 젖과 분유를 떼고 이유식을 먹기 시작할 때도 마찬가지의 느낌을 받는다.

매직팬티 역시 그랬다. 기저귀를 차고 다니던 아이가 걷기 시작하면서 팬티형 기저귀를 차게 된다는 이미지를 심어준 것이다. 풀업스나 토들러 팬츠가 아기가 컸음에도 기저귀를 떼지 못하고 있다는 이미지를 주었다면, 매직팬티는 아기가 성장해 걷기 시작하면서 입히는 기저귀로 자리매김했기 때문에 성공을 거둘 수 있었다.

하기스 매직팬티는 유한킴벌리는 물론 전 세계 킴벌리클라크 투자사에서 볼 수 없었던 성공신화를 쓰고 있다. 킴벌리클라크가 전 세계 투자사에 유한킴벌리의 사례를 벤치마킹하라고 주문하고 있을 정도다.

매직팬티의 성공은, P&G가 한국에서 기저귀사업을 포기하도록 만드는 계기가 됐다. 각 나라의 시장과 문화, 고객의 이해를 바탕으로 한 전략이 글로벌 스탠더드를 앞세운 잘못된 세계화를 제압한 사례이기도 하다.

실패를 두려워하지 않는 기업가 정신이 1등을 만든다

유한킴벌리를 착한 기업으로만 알고 있는 사람이 많다. 하지만 그렇지 않다. 착하기만 한 기업이었다면, 정글의 법칙이 적용되는 시장에서 살아남기 힘들었을 것이다. 유한킴벌리는 착하면서 강한 기업이다.

유한킴벌리가 항상 승승장구한 건 아니다. 한때 시장 1위에 안주하다가 글로벌기업인 P&G의 국내 진출로 순식간에 1위 자리를 내주고 2위로 내려앉은 적도 있다. 팬티형 기저귀사업에서도 두 번의 실패를 겪었다. 이 같은 위기 속에서도 유한킴벌리는 좌절하지 않았다. 오히려 도전하면서 위기를 기회로 만들었다. 1등은 도전하는 자의 몫이다.

이처럼 위기에서 기회를 찾는 힘은 어디에서 나오는 것일까? 그것은 기업가정신에 있다. 기업가정신으로 불리는 '앙트레프레누어

십 entrepreneurship '은 프랑스어에서 유래됐다. 이 말은 '시도하다' 또는 '모험하다'는 뜻을 지니고 있다.

기업가정신은 위기국면에서 과감한 도전과 신선한 발상으로 경쟁자를 앞서나가기 위해 필요하다. 인류 역사상 새로운 사업 기회는 끊임없이 생겨났고, 진정한 기업가는 보통 사람들이 볼 수 없는 기회를 찾아서 새로운 가치를 창출해왔다.

기업가정신은 CEO에게만 필요한 것은 아니다. 회사를 때려치우고 창업을 하는 사람에게만 필요한 것도 아니다. 회사원들에게 기업가정신은 더욱 필요하다.

요즘 기업들의 화두는 창조경영이다. 이 말은 기업가정신의 다른 말이다. 기업들은 지시와 규율에 따라 움직이는 수동적인 사원에게 더 이상 기대를 걸지 않는다. '이 회사가 내 회사'라고 생각하며 일하는 사람을 원한다. 그런 사람이 일의 성과가 높기 때문이다.

미국의 철도회사들은 19세기 중반 서부개척 붐으로 수요가 폭발적으로 늘어나면서 20세기 초 거대한 산업을 형성했다. 당시 월스트리트 증권가에서 철도회사 주식은 '블루칩'으로 통했다.

하지만 2차 세계대전 후 전투기와 연관된 항공산업이 급성장하면서 철도산업은 몰락의 길로 접어들었다. 속도와 편리함이라는 경쟁우위를 항공사에 넘겨줄 수밖에 없었기 때문이다. 하지만 철도회사들은 오로지 고객수송사업에 머물렀다. 물류사업을 적극적으로 개척하지도 못했고, 비행기와 다른 여행서비스에 도전하지도 않았다.

이 일화는 우리에게 도전을 멈추고 안주하는 기업은 쇠퇴할 수밖에 없다는 것을 시사한다. 진취적인 기업가정신이야말로 정글의 법칙에서 살아남기 위한 지름길이다.

크리넥스
최초의 조간신문 8단통 컬러광고

1970년대 여성들은 피부를 아름답게 가꾸기 위해 콜드크림 마사지를 하고 그 후에는 콜드크림을 깨끗하게 닦아내기 위해 거즈를 사용했다. 하지만 거즈는 흡수력이 없어서 얼굴 표면에 힘을 주어 닦아야 했기 때문에 강한 접촉으로 인해 여성의 피부가 손상될 우려가 있었다.

이런 우려를 제거하기 위해 거즈 대신 부드럽고 흡수력이 좋은 크리넥스로 닦으면 피부에 좋고 탁월한 미용효과를 볼 수 있다는 설득적이고 교육적인 광고전략을 채택했다. 또한 티슈 사용 경험이 없는 가정의 잘 보이는 곳에 티슈가 놓이게 하여 온 가족이 티슈를 사용해보는 경험을 제공하는 효과도 기대했다.

이 광고는 1971년 8월 1일, 조간신문에 8단통 칼러로 게재되었으며, 신문에서 컬러광고가 시작되던 시기에 주목성과 구독효과를 극대화하여 생활의 변화를 유도하는 전략을 활용했던 것이 특징이다.

완벽주의

만족할 수 없는 제품은
만들지 않는다

착하면서 강한 기업
유한킴벌리 이야기

가장 까다로운
고객을 위해
가장 까다롭게 만든다

고객의 눈높이에 맞춰 품질을 혁신하라

유한킴벌리는 1970년 3월 30일 유한양행과 미국 킴벌리클라크의 합작회사로 출범했다. 우리나라 최초로 생리대와 미용티슈, 위생기저귀를 생산한 회사이다.

많은 사람들에게 유한킴벌리는 사회책임 경영을 하는 모범적인 회사로 알려져 있다. 1984년부터 시작한 대표적인 사회공헌 활동인 '우리 강산 푸르게 푸르게' 캠페인을 통해 환경보호에 앞장서고 있다는 이미지 때문일 것이다. 이와 함께 유한킴벌리는 지속가능경영, 환경경영에서 최상위권이다. 사회적 책임을 다하는 기업이며, 성실한 납세를 하는 기업으로 통하고 있다.

하지만 유한킴벌리는 착한 기업만은 아니다. 강한 기업이기도 하다. 보다 정확하게 말하면 착하면서 강한 기업이다. 유한킴벌리는 모든 사업에서 1위를 차지해왔다. 일단 시작한 사업은 1위를 목표로 다져나갔다.

유한킴벌리는 유아용품(하기스), 여성용품(화이트, 좋은느낌), 가정용품(크리넥스, 뽀삐) 등 주력 사업에서 부동의 1위를 차지하고 있다. 최근 5년 동안 순이익률이 10%를 넘어 국내 제조업체 중에서도 높은 수준이며 2012년 순매출 규모도 1조 4,000억 원을 우뚝 넘어서고 있다. 지난 40여 년 동안 유한킴벌리의 역사는 혁신과 도전의 시간이었다. 그동안의 혁신 과정을 지켜보는 것은 숨 가쁘기까지 하다.

1983년 탄생한 국내 최초의 위생 종이기저귀 하기스는 '차원이 다른 편안함'을 컨셉으로 글로벌 테스터 마켓으로 불리는 한국시장에서 부동의 1위를 달리고 있다. 하기스는 국내 1위를 넘어 세계 각국의 소비자들로부터도 호평을 받고 있다.

그 배경은 기저귀를 아기가 2년 동안 착용하는 옷으로 여기는 마음, '아기의 편안함'이 제품개발의 중심에 있기 때문이다.

종이기저귀는 언뜻 단순해 보이는 외양과는 달리, 관련 특허만 수만 가지에 이른다. 첨단 기술이 집약된 제품인 것이다. 고객의 기호는 시대에 따라 계속 변하기 때문에 이를 미리 예측하고 한 발 앞서 실현하는 것이 매우 중요하다. 그동안 하기스는 끊임없는 제품개선과 혁신으로 성능과 품질 면에서 최고의 제품으로 손꼽혀왔다.

하기스는 세계 최초로 신기술을 먼저 적용하는 것을 두려워하지 않았다. 국내 최초의 초박형 기저귀, 아기 피부에 부드럽고 통기성이 뛰어난 에어후레쉬 커버, 움직임이 편리한 매직벨트와 울트라 컴포트 디자인, 국내 최초 아기발달 단계별 사이즈 구분, 기저귀 최초 탄소성적표지 인증, 세계 최초 100퍼센트 천연성분 기저귀 안 커버 적용 등 '최초'라는 수식어를 달고 종이기저귀의 기술을 선도해왔다.

이러한 노력의 결과, 1990년대 초반 물밀듯이 밀려왔던 수입제품의 파고를 혁신적인 제품력으로 극복했다. 일자형 기저귀-테잎형 기저귀-팬티형 기저귀-자연주의 기저귀로 이어지는 기저귀 4.0 시대를 이끌며 변함없는 사랑을 받는 이유다.

고객의 눈높이가
최고의 경쟁력이다

우리나라 고객은 까다롭다. 그 까다로움이 기업을 매우 힘들게 만든다. 하지만 우리나라 제품이 세계적인 제품이 될 수 있었던 것은 그 까다로움 덕분이다.

서양 사람들은 제품 본연의 기능이 좋으면 만족한다. 반면에 우리나라 고객은 본연의 기능도 기능이지만 다양하고 미세한 부분까지 꼼꼼히 따져본다. 화장지의 경우를 예로 들어보자. 우리나라 고객은 화장지에서 먼지가 나오는지 안 나오는지를 따져본다. 펄프가 원료인 화장지에서 먼지로 보이는 것이 알고 보면 펄프가루다. 그러나 까다로운 고객은 햇볕이 쨍쨍하게 내리쬐는 날, 화장지를 털어 먼지가 나오는지 안 나오는지를 살펴볼 정도다.

이렇게 고객이 까다롭다보니, 요구수준도 높아질 수밖에 없다. 외국기업들은 이런 문화적 차이를 잘 이해하지 못한다. 글로벌기업이 우리나라에 들어온 뒤 크게 고전하는 이유다.

기저귀에 대한 까다로움도 마찬가지다. 엄마들은 아기가 기저귀를 찰 때 어떤 불편함도 없이 편안해하길 바란다. 이 역시 문화적인 배경 때문이다. 엄마들은 예전에 자신이 어릴 때 썼던 천 기저귀만큼의 뽀송뽀송한 느낌을 아기들도 받을 수 있도록 만들어 달라고 요구한다. 천 기저귀를 빨아 햇볕에 쨍쨍 말려서 채워줘야 하는데, 그렇게 해주지 못하는 것에 대해 미안함을 느끼기 때문이다. 천 기저귀를 채워주지 못하는 엄마의 안쓰러움이 보다 더 완벽한 제품을 요구하는 것이다.

우리나라 엄마들은 '기저귀가 피부에 문제를 일으키면 어쩌지?' 하는 걱정을 꼭 한다. 아이가 소변 본 기저귀를 손으로 만져보면서 검사를 할 정도다. 쉬를 했더라도 여전히 뽀송뽀송한지 엄마가 직접 손으로 느껴본다. 또 밴드가 다리를 조이지는 않는지 세심하게 관찰한다. 아기 엉덩이를 만져보고 괜찮은 것을 확인한 뒤에야 그 제품을 신뢰한다. 이런 신뢰가 쌓여야 제품을 구입하는 것이다.

우리나라 엄마들은 아기가 기저귀를 차면 발진rash에 걸릴지에 많은 신경을 쓴다. 반면 서양에선 아기의 엉덩이가 불그스름한 빛깔을 띠는 것에 그렇게 신경을 곤두세우지 않는다. 원래 기저귀를 쓰다보면 그렇다고 여긴다. 하지만 국내에서는 조그마한 발진도 매우 민감하게 받아들인다. 우리나라 엄마들은 아기 엉덩이에 자국이 남지 않도록 해주길 바란다. 아기 엉덩이에 자국이 남으면 진단서를 떼는 소비자가 있을 정도로 엄마들은 자극을 싫어한다.

또한 요즘 엄마들은 정보력이 뛰어나다. 한 아이만 갖는 가정이 많아지면서 아이에게 가장 좋은 유아용품을 사주려는 욕구도 높아졌다. 그래서 많은 정보를 수집한다. 인터넷에서 정보를 찾고, 또래 친구들한테도 물어본다. 산후조리원은 물론 각종 문화센터에서도 정보를 얻는다. 엄마들은 여러 곳에서 정보를 모은 뒤, 나름의 분석을 통해 최종적으로 구매를 결정한다.

이처럼 엄마들이 다양한 곳에서 정보를 얻다보니 여러 가지 유아용품의 품질을 비교, 분석하는 수준이 전문가 못지않다. 기업은 제품을 개발하는 데 어려움을 겪을 수밖에 없다. 고객이 유아용품에 대한 정보가 많을수록 경쟁사 제품과 확연히 비교되기 때문이다.

정보경제학 가운데 '정보의 비대칭성 이론'이란 것이 있다. 즉, 한쪽은 알고 또 다른 한쪽은 모른다는 것이다. 기업과 고객은 본래 정보의 비대칭 관계에 있다. 기업은 고객보다 정보의 우위에 있고 그 정보의 우위를 통해 권위와 신뢰를 갖게 되는 것이다.

하지만 엄마들이 보다 다양한 정보를 접하게 되면서, 전통적인 정보의 비대칭 관계는 깨지고 있다. 엄마들이 다양한 정보를 갖고 브랜드를 비교분석하게 되면서, 기업은 디테일한 정보에서 나오는 미세한 차이에 대해서도 경쟁할 수밖에 없게 됐다.

우리나라 고객은 그 어느 나라의 고객보다 더 민감하고 관여도가 높다. 한국의 고객에게 인정받고 차별적인 제품을 만들기 위해서는 기업이 품질을 더 높여나가야 한다. 유한킴벌리 제품이 세계적으로 인정을 받고 있는 이유다.

'군' 귀저기의 공습, 실키한 느낌을 잡아라

2000년대 중반 이후 일본 기저귀가 국내에 급습했다. '군', '메리즈', '무니망' 등 일본 기저귀들이 온라인을 중심으로 인기를 끌기 시작했다. 일본 기저귀는 인터넷쇼핑몰을 통해 국내에 판매되면서 "얇고 부드럽다", "흡수력이 뛰어나다", "발진이 생기지 않는다"와 같은 입소문을 타고 인기를 끌었다.

일본 기저귀가 인기를 모은 이유는 무엇일까? 일단 일본은 소재산업에 강하다. 일본의 기술력으로 만든 소재를 활용했기에 기저귀의 품질이 좋았다. 또 다른 이유는 부드러움에 있었다. 일본산 기저귀는 부드러운 소재를 바탕으로 한 제품이 많았다.

일본 기저귀가 국내에 본격적으로 진출하기 전, 유한킴벌리는 흡수력과 착용감, 새지 않는 것이 가장 중요한 요소라고 여겼다. 하지만 일본 기저귀를 써본 엄마들은 부드러움에 호감을 느끼면서 일본제품을 선호했다.

일본 기저귀를 써본 엄마들은 일본 기저귀를 '실키silky한 느낌'이라고 표현했다. 실키하다는 건 매끄럽다는 느낌을 말한다. 그동안 우리나라 엄마들은 면같이 보송보송한 느낌의 기저귀를 선호했다. 매끄러운 소재는 통기성이 떨어지는 반면 순면은 거칠지만 섬유에 구멍이 많아 통기성이 좋다.

실키하다는 느낌을 좀 더 쉽게 표현하면, 실크 블라우스를 입었을 때의 느낌을 말한다. 살랑살랑하지만 바람은 통하지 않는다. 답답하고 눅눅한 느낌도 준다. 통기가 잘 안 되기 때문이다. 실키한 제품은 보푸라기도 일기 쉽다. 하지만 부드러운 게 좋다는 쪽으로 고객의 취향이 조금씩 변하고 있었다. 유한킴벌리는 처음엔 그런 변화를 외면했다. 하지만 2000년대 중반 들어 일본 기저귀 판매가 온라인에서 매년 20~30퍼센트씩 성장하면서 위기감이 찾아왔다.

2010년 말쯤 군 기저귀는 일부 온라인 마켓에서 판매 점유율 45%를 기록했다. 메리즈 기저귀도 전체의 9퍼센트를 차지했다. 군 기저귀는 지마켓이 발표한 2011년 상반기 쇼핑트렌드에서 히트상품 반열에 올라섰다.

우리나라 엄마들이 변하고 있었다. 기업은 고객의 변화에 발맞춰야 한다. 유한킴벌리도 적극적인 대응에 나섰다. 엄마들이 선호하는 부드러움에도 관심을 가졌다. 유한킴벌리는 '골드' 제품의 생산을 중단하고 13년 만에 '하기스 프리미어' 신제품을 내놓으면서 흡수력과 착용감이 개선된 기저귀에 부드러운 소재까지 적용했다. 에어엠보싱 안감을 활용해 '폭신폭신한 부드러움'이 느껴지도록 했다. 부드러운 제품의 단점인 통기성도 높였다. 아기 엉덩이와 안감 사이에 공기가 통하는 공간을 18퍼센트 이상 늘렸다.

2011년 유한킴벌리는 총 116번의 기저귀 리서치를 진행해 3만 8,000여 명의 고객과 접촉했다. 한 해 동안 '하기스 프리미어', '하기스 네이처메이드 팬티' 등 2개 제품을 새로 출시하고, '하기스 매직팬티', '하기스 네이처메이드', '하기스 소프트드라이', '하기스 보송보송' 등 4개 제품을 리뉴얼했다. 그해 9월 '뉴 하기스 매직팬티'를 출시하기에 앞서 유한킴벌리는 신제품이 아기 체형에 잘 맞는지 직접 테스트하기 위해 1,500명의 아기를 대상으로 '피트 스터디fit study'를 진행했다. 피트 스터디란 아기와 엄마를 연구소에 초대해 몇 시간 동안 아기가 실제 제품을 입고 활동하는 것을 지켜보며 체형에 잘 맞는지, 움직임이 편안한지를 관찰해 제품을 개선하는 것이다.

2011년 3월 11일 일본 대지진의 여파로 후쿠시마 원전 사고가 발생했다. 대지진 이후 군 기저귀는 사재기 현상으로 판매량이 320퍼센트까지 급등했다. 하지만 방사능 문제가 불거지면서 일본 기저귀가 방사능에 노출됐을지도 모른다는 우려가 커졌다. 그 뒤 일본 기저귀는 하락세로 접어들었다. 온라인 시장의 시장점유율도 23퍼센트로 뚝 떨어졌다.

유한킴벌리는 일본 기저귀와의 격돌 과정에서 고객들의 취향이 바뀔 때 확실히 주도권을 잡아야 한다는 생각을 갖게 됐다. 일단 일본과 다른 한국형 기저귀를 만들어나가도록 했다. 우리나라 아기의 체형에 맞는 편안함을 추구하는 제품을 만들기 위해 그 어느 때보다 노력을 기울였다. 일본 기저귀보다 더 선호하는 제품을 만든다는 목표를 세웠다. 아기들이 착용했을 때 가볍고 편안하게끔 만들기 위해 일본 기저귀에 비해 20~30퍼센트 더 얇게 만들었다.

신제품을 더욱 빠르게,
품질도 스피드다

엄마들은 새롭고 혁신적인 제품을 원한다. 일본 기저귀가 인기를 끈 이유다. 엄마들의 니즈를 맞추기 위해서는 기존과는 다른 혁신적인 제품을 시장에 많이 선보여야 한다. 시장에 많은 제품을 내놓기 위해서는 제품 출시기간을 줄여야 한다.

하기스가 론칭된 뒤 30여 년이 지났다. 그동안 유한킴벌리가 매년 똑같은 제품으로 승부를 한 건 아니었다. 1년에 한 번씩 제품을 업그레이드했다. 경쟁사에 뒤져서가 아니라 하기스를 보면서 '어디를 개선할까' 하고 고민했기 때문이다. 물론 고객은 미세한 변화를 잘 모를 수 있다. 게다가 기저귀는 1~2년 안팎의 짧은 기간 동안 사용하는 제품이다.

고객은 쉽게 "6개월마다 제품을 내놓는 게 뭐가 힘들어?" 하고 얘기할 수 있다. 하지만 제조 회사가 6개월마다 제품을 내놓기 위해선 몇 배의 노력이 필요하다.

기저귀나 생리대에 쓰이는 소재는 기초과학에 속한다. 기초과학 기술이 6개월 만에 눈에 띄게 발전하지는 않는다. 때문에 6개월마다 제품을 선보이기 위해서는 창의력과 혁신이 있어야 한다. 같은 기술이지만 조금 달리 적용해 고객의 만족을 극대화시켜야 하는 것이다.

하나의 제품을 개발해 시장에 선보이기 위해서는 무수한 실패를 거쳐야 한다. 연구개발 과정에서 무수한 실패작을 만들고나서야 하나의 완벽한 제품이 나온다. 이 때문에 6개월 안에 신제품을 만들어내기 위해서는 엄청난 혁신이 뒤따라야 한다. 몇 달 뒤에 기획된 제품이라도 기술개발은 그 전에 시작해야 한다. 그래야 출시할 수 있다.

신제품 출시시기를 6개월로 줄이기 위해서는 전사적으로 1년 내내 신제품개발에 매달려야 한다. 백조(신제품)가 우아하게 물 위에 떠 있기 위해서는 물 밑에서 끊임없이 다리를 젓고 있어야 하는 것(제품개발)과 마찬가지다.

까다로운 고객의 입맛에 맞추려면 고객보다 먼저 발 빠르게 변화해야 한다. 먼 안목으로 트렌드를 예상해야 하고 고객에 대한 인사이트도 필요하다. 끊임없는 혁신으로 시장에서 승부를 걸어야 한다.

하기스와 화이트 브랜드가 현재 시장에서 점유율 1위라고 해서 영원히 1위를 차지하리라고 누구도 장담하지 못한다. 두 브랜드가 지금까지 인기를 모으고 있는 건 두 번, 세 번, 네 번의 계속되는 도전이 있었기에 가능했다. 다음에 출시될 신제품이 준비돼 있어야 한다는 것이다. 그래야 고객들의 마음을 계속 잡아끌 수 있다. 고객에 대한 인사이트를 갖고 끊임없이 신제품을 시장에 내놓아야 한다는 얘기다.

'무엇을 개선할까?'라고 고민하면 안 보이던 것도 보인다. 완벽한 제품이라고 생각하던 것도 인사이트를 갖고 보면 결점이 보이게 되는 것이다.

유한킴벌리가 2011년 11월 통합 R&E_{Research & Education}센터인 '유한킴벌리 이노베이션센터'를 세운 것 역시, 끊임없는 신제품개발과 무관하지 않다. 빠르게 변하는 시장환경과 고객의 요구를 충족시키기 위해선 스피드와 혁신 역량을 갖춰야만 살아남을 수 있기 때문이다. 이노베이션센터는 유아·아동용품, 여성용품, 가정용품, 스킨케어, 시니어케어, 기업 간 거래_{B2B} 등 6개 주요 사업부문에서 개별 운영하던 R&E 핵심역량을 한데 모은 것이다.

유한킴벌리는 6개월마다 신제품을 내놓을 수 있는 준비가 되어 있다. 경쟁사보다 좋은 제품을 내놓기 위해서가 아니다. 고객이 유한킴벌리 제품을 쓰고 좀 더 행복해지기를 바라고 있기 때문이다.

어떤 불만도
고객의 소리는
무조건 옳다

고객의 불만을 소중한 선물로 여겨라

어느 날 고객지원본부로 육아용품 '더블하트 젖꼭지'가 달라붙는다는 고객 불만이 제기됐다. 그 제품은 재질상 달라붙을 수 없게 되어 있었다. 제품 원자재를 공급했던 일본 피죤에 확인 전화를 해봤지만 제품은 정상적이라고 했다.

이럴 때는 '고객이 제품에 대해 잘못 알고 불만을 제기하는 게 아닌가?' 하는 생각이 들게 마련이다. 하지만 혹시라도 있을 문제를 찾기 위해 실험을 계속하다보니, 간혹 달라붙는 경우를 찾아냈다. 젖꼭지 성형에 문제가 있는 제품이 있었던 것이다. 그런 경우는 아주 미미했지만, 고객이 잘못 판단한 게 아니었다. 고객지원본부 직원들은 '고객의 소리는 무조건 옳다'는 것을 다시 확인하게 되었다.

믿음을 갖게 해주는
고객행복 프로그램

보상금을 목적으로 구매한 상품에 대해 의도적으로 악성 민원을 제기하는 사람을 '블랙컨슈머'라 한다. 유한킴벌리에도 그런 블랙컨슈머가 있었다. 유한킴벌리 기저귀를 구매했다는 사람이 기저귀에서 이물질이 나왔다며 인터넷에 이물질이 들어간 사진을 올린 것이다. 한 인터넷매체는 그 사람의 주장을 여과 없이 보도하기도 했다. 이물질이 나왔다는 사람은 금전적인 보상을 요구했다.

회사는 인내심이 필요했다. 먼저 사실 확인에 나섰다. 생산공정과 유통 전반을 체크했다. 그런 이물질이 들어갈 가능성을 모두 확인했다. 생산 부문과 품질팀에서 검토한 결과, 생산과 유통과정에서 도저히 있을 수 없는 일이었다. 그런 검토를 거친 뒤 회사는 단호하게 대처했다. 이물질이 들어간 고객에게 제조공장에 함께 가서 확인해보자는 제안도 했다. 그 사람은 회사의 제안을 거부했다.

많은 식품회사들은 블랙컨슈머 때문에 골치를 앓는다. 몇몇 회사는 현금으로 처리하고 쉬쉬하며 입막음을 하기도 한다. 하지만 유한킴벌리는 현금으로 보상하지 않는다는 원칙과 기준을 갖고 있다. 제품에 문제가 있거나, 제품이 손상됐을 때는 사원이 직접 고객의 집을 방문해 새로운 제품으로 교환해준다. 이런 상황에서도 금전적인 보상은 하지 않는 게 원칙이다.

기업들은 그 순간을 쉽게 넘어가기 위해 금전적으로 처리하고 싶은 유혹을 느낀다. 하지만 유한킴벌리는 그러지 않았다. 고객에게 먼저 돈으로 입막음을 한다면, 고객이 지적한 문제를 제대로 풀 수 없다. 만약 고객의 주장이 사실일 경우, 다음에 그런 문제가 또 일어날 수 있다. 인터넷에서 그런 논란이 일어날 당시에는 고통스럽지만, 장기적으로는 원칙을 지키는 것이 고객의 사랑을 받는 길이다.

블랙컨슈머를 만들어내고 있는 것은 원칙 없이 현금으로 보상하려는 기업들 때문이라는 의견도 있다.

물론 고객 불만을 상대로 하는 일은 힘이 든다. 유한킴벌리의 두루마리 화장지를 샀는데, 겉표지에 찍혀 있는 두루마리 길이가 실제와는 다른 것 같다는 불만을 받았을 때, 유한킴벌리 사원은 그 고객의 집을 직접 찾아가 자로 길이를 쟀다. 길이는 겉표지에 나온 것과 일치했다. 두 겹으로 돼 있는 두루마리 화장지 절취선이 제대로 맞지 않다는 불만을 듣고서도 직접 찾아가 그 화장지의 절취선이 제대로 된 것을 확인해주었다. 상식적으로 이해가 되지 않는 것을 진지하게 항의하는 고객은 어디에서나 존재한다. 황당한 고객의 불만도 있다. 하지만 어떤 경우에도 고객에게 귀를 기울여야 한다.

고객이 불만을 제기한 제품이 개선될 경우 가장 먼저 하는 게 있다. 불만을 제기한 고객에게 개선 제품을 사용해보는 기회를 제공하는 것이다. 동종업계 사람들은 불만 고객에게 왜 제품을 보내느냐는 얘기도 한다. 하지만 유한킴벌리는 꼭 제품을 보낸다. 그래야 품질이 개선됐는지를 확인할 수 있다. 고객의 목소리를 헛되이 여기지 않고, 제품개선으로 이어지게 만들기 위해서이다.

유한킴벌리는 불만 고객을 선발해 '고객행복 프로그램'이라는 이름으로 공장견학을 진행하고 있다. 제품생산공정의 투명한 공개로 신뢰를 회복하고 새로운 제품을 접할 수 있는 기회를 고객에게 마련해주기 위해서이다. 이런 프로그램을 경험한 고객은 유한킴벌리의 든든한 지원군이 된다. 불만을 제기한 뒤 프로그램에 참가했던 고객들이 프로그램이 끝난 뒤 다음과 같은 편지를 보내기도 했다.

"제품에 대한 믿음이 생겼어요. 앞으로 낳을 셋째에게도 유한킴벌리 제품을 사줄 거예요."

"고객의 소리 하나하나에 귀 기울이고 개선하기 위해 노력하는 모습과 신뢰감을 보여준 회사에 감사합니다."

"기저귀에 대한 불신이 잘못된 것임을 느꼈고 고객들을 위해 노력하는 모습에 감사해요."

"오늘 이후로 유한킴벌리, 더욱 사랑할 거예요."

"우리 아들 크면 유한킴벌리에 입사할 겁니다."

"세세한 부분까지 관심가지고 배려해주시더군요. 정말 귀한 손님으로 대접받는 느낌, 진심으로 감사해요."

적극적으로 불만을 듣고 반드시 개선한다

유한킴벌리 고객지원서비스팀은 회사 직원보다 고객 입장을 먼저 생각한다. 대부분의 회사는 고객에게 최고의 제품을 제공한다고 말한다. 하지만 고객지원서비스는 고객의 불만을 상대로 해야 한다. 회사의 시각이 아닌, 고객의 시각에 서서 제품을 판단해야 한다.

유한킴벌리 고객지원본부 직원들은 고객의 불만은 '고객의 선물'이라고 말한다. 제품을 만들다 놓치기 쉬운 구석이나, 그냥 넘어가버릴 수 있는 불편함 같은 정보를 직접 받을 수 있기 때문이다. 고객 불만을 통해 제품을 개선할 수 있고, 더 크게 발생할 수 있는 문제를 사전에 대처할 수도 있다. 고객 불만이 소중한 선물인 이유다.

하지만 대부분의 고객은 제품에 불만이 있더라도 적극적으로 회사에 제품을 개선해 달라고 요구하지 않는다. 제품에 불만을 느꼈던 고객 가운에 단 4퍼센트만이 자신이 구매한 회사에 불만을 제기한다는 통계를 보면 그렇다. 물론 불만을 느낀 고객이 다시 그 제품을 구입할 수도 있다. 하지만 불만을 느낀 대부분의 고객은 다른 회사 제품으로 눈길을 돌려버린다. 또 제품에 불만을 느낀 고객은 다른 곳에서 불만을 토로하기도 한다. 대표적인 곳이 인터넷 공간이다.

많은 회사가 고객 불만을 차단하려고 노력한다. 그러나 유한킴벌리는 다르다. 유한킴벌리는 고객 불만을 적극적으로 수용한다. 사내에서는 고객 불만을 받는 채널이 매우 다양하다. 어느 회사나 마찬가지로 전화와 웹사이트는 기본이고, 문자뿐만 아니라 채팅 상담을 통해서도 고객의 불만을 접수한다. 고객이 가장 편하게 자신의 불만을 보낼 수 있는 방법을 제공하기 위해서다. 보통 회사들은 전화와 웹사이트에서 고객의 불만을 접수한다. 하지만 문자와 채팅을 통해서까지 고객 불만을 접수하는 회사는 거의 없다.

고객 불만은 생산부문과 마케팅부문에 전달되고, 품질의 개선뿐만 아니라 스펙을 변경하는 데도 기여한다. 예컨대 유한킴벌리의 스킨케어 제품 가운데 베이비로션은 점도가 높았다. 그러다보니 용기 안의 로션을 다 쓰지 못하고 여분의 로션이 용기 안에 남았다. 여분의 로션이 아깝다며 로션을 다 쓸 수 있게 해 달라는 고객 불만이 제기됐다.

유한킴벌리는 그 고객의 불만이 합리적이라고 여기고 사업부문에 제안해 로션을 다 쓰게 되면 용기를 뒤집어 사용할 수 있도록 디자인을 개선했다. 제품의 편의성을 높이는 데 기여한 셈이다.

고객 불만이 항상 사후에 처리되는 것은 아니다. 사전 대응도 한다. 식품과 생활용품 기업들은 여름철마다 벌레로 골머리를 앓는다. 어떤 벌레는 호일 같은 은박지까지 뚫고 제품 안으로 들어가기도 한다. 유한킴벌리도 이런 고민에서 자유로울 수 없었다. 회사는 이를 숨기기보다는 벌레가 제품 포장을 뚫고 들어갈 수 있다는 정보를 홈페이지에 올려놓았다.

유한킴벌리는 불만을 제기한 고객에게 일일이 감사 편지를 보낸다. 고객이 불만을 보내오는 그 마음을 잘 알기 때문이다. 유한킴벌리 제품이 미워서 불만을 제기하는 고객은 많지 않다. 뭔가 요구를 하는 고객도 많지 않다. 오히려 고객의 의견을 회사가 받아주는 걸 확인하고 싶어하는 사람이 많다. 그렇기에 유한킴벌리에서는 고객의 불만이 제품에 반영되면 그 사실을 알려준다. "고객님의 의견을 반영해 좋은 제품을 만들겠습니다"라는 메시지를 꼭 보내준다.

여성과 유아용품이 많은 유한킴벌리 제품의 특성상 엄마들이 불만을 제기하는 경우가 많다. 하지만 최근에는 아빠들도 불만을 제기하는 경우가 늘어나고 있다. 가정적인 아빠들이 많이 늘어나면서 육아용품을 직접 써보고 불편한 점을 얘기하는 것이다.

유한킴벌리는 고객 불만을 처리하는 원칙이 있다.

첫째, 24시간 이내에 처리한다.

둘째, 제품 교환은 3일 내에 이루어지도록 한다.

셋째, 고객에게 반드시 정확한 원인을 알려준다.

고객 불만은 수시로 데이터화한다. 데이터가 쌓이는 불만에 대해서는 반드시 제품을 개선하도록 한다. 예를 들어 생리대의 경우 한약성분이 들어간 제품이 있다. 한약성분이 들어간 생리대가 변질됐다는 고객 불만이 다수 접수됐다. 유한킴벌리는 그 원인을 분석했다. 생리대를 욕실에 보관하는 가정이 많은데, 욕실의 습기 때문에 한약성분이 변질될 가능성을 발견한 것이다.

회사는 한약재 성분이 들어간 제품의 패키지에는 습기에 대한 주의 문구를 강화하였으며, 한약 재료가 습기에도 변질되지 않도록 개선했다. 기저귀에서도 고객 불만은 제품개선으로 이어졌다. 과거에 매직팬티를 붙여주는 후크가 재질이 뻣뻣해 아기에게 자극을 남긴다는 고객 불만이 들어왔다. 회사는 지속적인 R&D를 통해 부드러운 재질로 후크를 만들었다.

유한킴벌리는 고객지원서비스를 제조업체 가운데 가장 빨리 시작했다. 1972년부터 고객지원 상담부서가 개설됐다. 40여 년간 고객지원서비스는 그만큼의 노하우를 쌓아나가고 있다. 다른 회사들이 벤치마킹을 할 정도다. 유한킴벌리의 고객지원서비스가 동종업계에선 기준으로 통하고 있다.

유한킴벌리의 한 임원은 자신의 경험을 통해 회사의 고객지원서비스를 강조했다. 그는 갖고 있던 휴대전화가 고장이 나서 대형 전자회사 고객서비스팀에 전화를 했다. 그런데 휴대전화를 갖고 서비스센터에 찾아오라고 하는 것이었다. 그 임원은 말했다.

"유한킴벌리는 생리대 한 팩을 구입한 고객이 불만을 접수하더라도, 필요하다면 일일이 찾아가 불만사항을 들어요. 수십만 원짜리 제품을 구입했는데도 고객한테 직접 찾아오라고 하는 경우도 있더라고요. 후후."

고객 불만이 사회적으로 알려졌을 때, 또는 언론이 제품의 품질에 관해 비판적인 기사를 썼을 때, 상당수 회사들은 홍보팀을 통해 사태를 수습하기에 급급하다. 일부 회사들은 광고를 보상으로 기사를 빼달라고 요청하기도 한다. 그러나 유한킴벌리는 관점이 다르다. 우선 고객 불만의 원인을 신속하게 찾는다. 사실관계가 규명돼야 제대로 된 대처를 할 수 있기 때문이다. 무조건 막기보다 사실관계 규명과 과학적인 결과를 통해 검증한 뒤 문제를 해결하는 방법을 찾는다.

품질이 100퍼센트 완벽하다고 말하지 않지만, 고객 불만을 최대한 겸허하게 받아들이고 고객 불만이 타당하다면 제품을 개선하는 데 최선의 노력을 다한다.

물론 고객지원서비스팀의 일이 쉽지만은 않다. 고객의 의사를 충분히 들어 회사에 전달해야 하지만, 회사를 방어해야 하는 경우도 있다. 한쪽에 치우치지 않는 균형감각을 갖는 게 무엇보다 중요하다. 고객과 회사의 제품 부서가 불만을 놓고 이견이 있을 때, 고객지원본부는 51퍼센트는 고객의 편에서, 49퍼센트는 회사의 편에서 생각한다. 회사보다 고객의 편을 조금이라도 더 들어주는 게 회사에 기여하는 것이라고 생각하기 때문이다.

어떨 때는 고객 편에 서서 고객의 불만을 얘기하다보면, 회사에서 서운해 할 때도 있다. 하지만 회사는 그런 마음을 이해하고 있다. 고객 불만은 단기적으로 회사를 힘들게 하지만, 장기적으로는 제품의 질과 서비스를 개선할 수 있기 때문이다.

위기관리도
고객의 입장에서 시작한다

2009년 7월, KBS1 TV의 한 소비자고발 프로그램에서 유아화장품의 안전성에 대해 취재하고, 보도를 며칠 앞둔 상황에서 회사로 확인 요청을 해왔다. 유아용 스킨케어 제품에서 일정 수준 이상의 우려물질이 검출된 실험결과를 가지고 있으며, 보도 예정이므로 이에 대해 해명하면 보도에 반영하겠다는 것이었다. 공중파방송에서, 그것도 제일 문제가 된 제품에 관해 보도가 될 심각한 위기에 직면한 상황이었다. 그것도 하루 이틀밖에 대응할 여유가 없었다.

유한킴벌리는 조금도 지체하지 않고 해당 제품이 KBS와는 달리 안전성이 명확히 확보된 실험결과를 가지고 있다고 답변하며 그 근거를 KBS 측에 전달했다. 그리고 제3의 기관을 통해 재실험하자고 요청했다.

이미 방송에서 외부 공인시험연구원에 의뢰하여 실험한 결과가 있는 상황이므로 조금만 지체되어도 그대로 보도될 수밖에 없는 긴박한 상황이었지만, 신속한 입증자료 제시와 설득을 통해 재실험을 실시하기로 합의했다. 그리고 재실험을 통해 KBS에서 외부실험기관에 의뢰해 실시했던 실험에 오류가 있다는 것이 밝혀졌다. 만약 유한킴벌리 제품에 문제가 있다는 보도가, 그것도 매우 유명하고 신뢰받는 기업의 유아용 제품에서 안전성 문제가 있다는 내용이 대대적으로 보도되었다면 해당 제품은 물론 회사에도 큰 위기가 되었을 것이다. 결과적으로 신속하고 명확한 대응을 통해 위기를 예방할 수 있었다.

유한킴벌리의 위기관리는 문제가 발생하거나 언론에 보도가 나간 후에 대응하는 방식이 아니다. 예방이 우선이며, 사전에 철저히 점검하고 관리하는 시스템으로 이루어져 있다. 신제품을 개발할 때, R&D나 제품법규와 안전, 품질부서 외에 국내는 물론, 외국의 언론이나 소비자의 생각까지 확인하고 이를 사전에 분석해서 반영하고자 노력하고 있는 것이다. 이를 위해 제품 개발단계부터 언론이나 고객의 의견과 우려를 분석하는 팀들이 참여하고, 이를 R&D와 생산부문에서 반영하여 위기를 사전에 점검하도록 돕는 방식이다.

KBS의 취재에 신속히 대응할 수 있었던 것도 회사에서 제품안전을 철저히 점검하고, 이를 입증할 수 있는 자료를 미리 준비하고 전사적인 위기예방협의회와 미리 공유할 수 있는 시스템이 있기 때문에 가능했다. 위기예방협의회는 홍보팀 주관으로 품질, 제품안전, 고객지원, 품질, 법제, 환경, 안전 등 전 부분으로 구성되어 예방차원의 위기관리를 하고 정보를 폭넓게 공유한다. R&D나 품질이 회사 내에서조차 기밀이고, 해당 부서만의 정보로 인식된다면 사전 점검을 통한 예방이 어려웠을 것이며, 위기대응 속도 또한 늦어지고 정확한 자료와 신속한 회사입장을 바탕으로 설득할 수 있는 시간이 줄어들 수도 있을 것이다. 유한킴벌리의 위기관리 시스템은 이렇게 고객의 생각을 반영하고, 고객의 우려를 미리 분석하여 반영하는 데서부터 시작한다.

고객이
만족할 수 없다면
내놓지 않는다

7,000명의 만족도 조사 끝에 '그린핑거'를 내놓다

유한킴벌리의 품질 완벽주의는 신규사업에서
도 예외가 아니다. 2000년으로 접어들면서 저출산의 영향으로 기저
귀시장은 성장세가 둔화되고 있었다. 유한킴벌리는 회사의 핵심역량
가운데 새로운 사업으로 할 만한 게 무엇인지를 점검했다.

여기서 '핵심역량_{core competence}'은 기업의 여러 자원이나 능력 가운
데 지속적인 경쟁우위의 원천이 되는 것을 말한다. 즉 핵심역량은 경
쟁기업보다 확실하게 앞서는 것으로, 절대적인 게 아닌 상대적인 개
념이다. 이 이론은 1990년 미국 미시간 대학 비즈니스스쿨의 프라할

라드 교수와 영국 런던 비즈니스스쿨의 게리 하멜 교수가 발표한 것이다.

유한킴벌리는 사업다각화 아이템으로 유아용 스킨케어 사업에 주목했다. 기저귀, 생리대, 화장지, 병원위생용품 등 건강·위생용품 주력회사가 화장품시장에 문을 두드리게 된 것은 피부건강을 끊임없이 연구한 핵심역량이 있었기 때문이다. 유한킴벌리는 미용티슈에 로션을 첨가하고, 기저귀에 비타민, 녹차, 알로에 등 식물성 성분을 넣어 피부를 보호하기 위한 많은 연구를 진행하고 있었다. 아기 피부에 직접 닿는 기저귀를 만들면서, 민감한 유아의 피부 자극을 최소화하는 연구도 거듭해오고 있었다. 화장품시장 진출은 핵심기술과 역량을 집약한 자연스러운 수순이었던 셈이다.

하지만 스킨케어 사업을 준비할 당시 내부적인 반대에 부딪혔다. "아기 피부를 많이 연구한 건 맞지만, 화장품은 또 다른 영역"이라는 주장도 나왔다. "지금도 잘하고 있는데 신규사업을 꼭 해야 하는가?"라는 비판적 시각도 있었다. 하지만 도전하지 않는 기업은 살아남지 못한다는 회사 내의 기류가 더욱 컸다. 그렇게 도전은 시작됐다.

하지만 스킨케어 사업은 고객만족도를 평가하기 쉽지 않은 품목이다. 사람마다 평가 기준이 다르기 때문이다. 어떤 사람은 피부에 쏙 흡수되는 것을 중요하게 여기는가 하면, 어떤 사람은 향기에 관심을 보인다. 또 다른 이는 브랜드 자체를 가장 중요하게 여긴다. 유한킴벌리는 보통 사람들을 상대로 신물이 날 정도로 조사를 벌여나갔다. 고객이 만족하는 접점을 찾아 제품을 개발하기 위해서였다.

품질을 넘지 못하면 만들지 않는다, 경쟁우위 전략

유한킴벌리는 기저귀와 생리대를 만드는 노하우는 있었지만 스킨케어 제품을 만들어본 경험은 없었다. 전문성을 확보하기 위해 화장품 회사에서 스킨케어 분야를 맡았던 경력사원들을 뽑았다. 그런데 유한킴벌리에 입사한 경력사원들은 깜짝 놀랐다. 화장품 업계에서는 그렇게 다양하고 광범위한 고객조사를 하지 않는다는 것이었다. 대부분 화장품 업체들은 화장품에 민감하게 반응하는 패널을 20여 명 뽑아 향과 감촉 등을 테스트한 뒤 제품을 내놓는다는 것이었다.

하지만 유한킴벌리는 최고의 제품을 만들기 위해 고객조사와 제품개발을 거듭했다. 고객조사와 제품개발 기간을 모두 합치면 4년이 걸렸다. 완벽한 제품을 출시하려다보니 그렇게 됐다. 고객만족도를 확인하기 위한 기간은 너무나 길었다. 7,000명의 고객을 조사했고, 그 과정에서 7억 원에 가까운 비용을 치렀다.

제품개발을 마친 뒤에는 브랜드네임을 정해야 했다. 국내 기저귀

1위 브랜드인 하기스로 정하자는 의견이 나오기도 했다. 하지만 하기스는 기저귀에 포커스된 브랜드였다. 기저귀는 보통 아기가 태어나서 36개월 전후까지 쓴다. 그 후에는 보통 쓰지 않기 때문에 하기스는 유아만을 대상으로 하는 느낌을 주게 된다는 비판이 나왔다. 어린이까지 포함시키기 위해선 다른 이름이 필요하다는 것이었다.

고민 끝에 선택한 브랜드는 그린핑거였다. 자연을 의미하는 '그린green'과 어루만지는 손길을 의미하는 '핑거finger'의 합성어로, '숲의 건강한 생명력을 지닌 자연의 손길로 어루만져주는 자연주의 스킨케어'라는 의미를 담았다.

그린핑거를 브랜드네임으로 선택한 또 다른 이유는 유한킴벌리가 30년 가까이 이어온 환경보존활동인 '우리 강산 푸르게 푸르게'의 이미지와도 맞아 떨어졌기 때문이다. 자연친화적인 이미지를 심어주면서 자연스럽게 사회공헌 활동과도 연결될 것이라는 판단에 따른 것이다.

유한킴벌리는 2007년 7월 그린핑거를 출시하며 화장품시장에 진출했다. 킴벌리클라크에도 유아용 스킨케어 제품이 있었기 때문에 그 제품을 그냥 가져올 수도 있었다. 그러나 유한킴벌리는 그렇게 하지 않았다. 우리나라 아기 피부에 가장 잘 맞는 제품을 만들기 위해서였다.

킴벌리클라크는 미국, 멕시코, 브라질 등에서 스킨케어 제품을 출시했지만 이들 국가에서는 모두 실패로 끝났다. 오로지 전 세계에서 유한킴벌리만이 계속 스킨케어 사업을 진행하고 있다. 유한킴벌리의 그린핑거는 베이비&키즈 스킨케어 분야에서 1위를 다투며 시장을 선도하고 있다.

지난 2008년 10월 출시된 4~10세 어린이 전용 스킨케어 '그린핑거 마이키즈' 역시 출시와 동시에 키즈 스킨케어 시장에서 1위에 오르며 그린핑거 전체 매출의 30퍼센트를 차지할 정도로 큰 성장을 이뤘다. 그린핑거의 성공은 10대 전용 스킨케어 등으로 이어지고 있다.

유한킴벌리 직원들은 제품을 개발할 때 '경쟁우위'를 중요하게 생각한다. 경쟁사 제품보다 무조건 품질이 좋아야 한다고 여긴다. 때문에 경쟁사의 제품을 대상으로 자주 비교조사를 한다. 유한킴벌리 제품과 경쟁사 제품을 고객에게 사용하게 한 뒤, 고객의 평가를 자주 받는다. 이런 비교조사에서 항상 이겨야 한다. 이기지 않으면 아예 제품을 만들지 않는다.

세계 최고의
제품을 만드는
생산공장

강한 기업의 원천, 최고의 품질을 만드는 힘

유한킴벌리 생산공장은 세계적으로 벤치마킹 대상이 되어왔다. 특히 대전공장은 생산성과 품질 면에서 탁월한 성과로 주목 받고 있다. 1993년 이 공장을 설립할 때 회사 사원들은 미국 킴벌리클라크에서 기술을 배워와 기계를 가동했다. 하지만 2000년대 초반부터 상황이 역전됐다. 오히려 킴벌리클라크에서 기술을 배우러 대전공장을 찾고 있다.

킴벌리클라크 관계자들은 대전공장과 전 세계에 퍼져 있는 다른 공장을 비교하며 생산성의 차이에서 매우 놀란다. 대전공장을 찾는 킴벌리클라크 관계자는 생산직뿐만 아니라 다른 국가의 CEO 레벨의 경영진도 포함돼 있다. 그들은 유한킴벌리 공장에서 지표로 나타난 실적에 놀라움을 금치 못한다.

각국의 킴벌리클라크 공장에서 대전까지 와서 기술을 배우고 가는 이유는 무엇일까? 미국에선 도저히 못한다며 손사래를 치는 것을 대전공장에서는 뚝딱 만들어내기 때문이다.

대전공장의 화두는 세계 최고 제품을 만드는 것이다. 세계 최고가 아니면 영원할 수 없다. 품질을 개선하지 않는다면 경쟁자에게 밀리는 건 당연한 이치다. 고객의 니즈는 매년 변화하고 있다. 때문에 품질개선 주기를 단축시키기 위해 대전공장은 끊임없는 개선작업을 벌이고 있다.

급변하는 시장환경에서 '퍼스트 무버first-mover'가 되기 위해선 변해야 한다. 퍼스트 무버는 기업성장 전략의 새로운 패러다임이다. 기존 패러다임이 모방에 기초한 패스트 팔로어fast follower였다면, 여기서 한 단계 더 나아가는 것이 바로 퍼스트 무버이다.

지금 당장 가장 좋은 제품일지라도 3년 뒤에도 가장 좋은 제품이 될 수는 없다. 3년 뒤를 내다보고 최고의 명성을 유지하기 위해선 제품 혁신과 변화 외에는 답이 없다.

환경친화적인 기업경영은 제품의 품질을 업그레이드하는 디딤돌이 됐다. 사실 환경 기준에 맞춘 제품을 만들어내기는 어렵다. 경쟁사보다 더 많은 노력을 기울여야 하고, 더 많은 투자를 해야 한다. 환경친화적인 제품을 만드는 건, 1차 방정식이 아니라 2차, 3차 방정식이다. 그만큼 제품을 개발하기가 힘들다는 뜻이다. 하지만 수학문제를 많이 풀어본 학생이 수학시험에서 좋은 점수를 받는다. 유한킴벌리도 마찬가지다.

성공사례를 만들어나가면서 성공경험을 쌓는 것도 중요하다. 과거에는 외국에서 만든 생리대의 품질이 뛰어났다. 지금은 유한킴벌리에서 만든 생리대가 외국으로 수출되고 있다. 과거에는 기술을 흡수하는 데 급급했다면 이제는 기술과 노하우를 전파하는 데 더 큰 의미를 부여하고 있다. P&G라는 거대 글로벌기업을 이긴 후로 사원들은 도전의식을 쌓아가고 있는 것이다.

세계 최고의 품질에
도전한다는 자부심

이제 유한킴벌리 사원들은 세계 시장에 영향을 미치는 제품을 만들기 위해 고민한다. 세계 최고의 품질에 도전하는 대전공장의 전통은 어디에서 시작된 것일까?

대전공장에서도 1990년대 중반부터 도요타식 생산방식을 공부해왔다. 여기에 킴벌리클라크를 통해 미국식 시스템도 배웠다. 그런 다음 일본과 미국식 노하우를 접목시켰다. 하지만 유한킴벌리 직원들은 두 나라의 기술을 접목시키는 데 그치지 않았다. 두 나라의 기술과 프로세스를 비빔밥처럼 잘 비벼서 유한킴벌리만의 기술과 프로세서를 만들어냈다.

평생학습은 세계 최고의 품질을 만들어나가는 데 밑바탕이 됐다. 사원들은 자신들이 배운 노하우를 꾸준히 적용하고 실천해나갔다. 그러다보니 품질개선으로 이어졌고, 유한킴벌리 생산시스템이 글로벌에서도 표준모델이 된 것이다.

평생학습은 단순히 실무지식을 배우는 데 그치지 않는다. 오너십을 배우고 주인의식을 배운다. 리더의 관점에서 일하는 방식을 배운다. 사원 한두 사람만 리더십을 갖고 있다면 조직에는 큰 변화가 없을지도 모른다. 하지만 공장 전체, 또는 사원 대부분이 변화한다면 상황은 달라진다.

대전공장 직원들은 평생학습을 통해 스스로 주인의식을 길러가고 있다. 대전공장 직원들은 농담 반 진담 반으로 "공부를 열심히 하다보니 경영 능력이 붙게 됐다"고 말한다.

유한킴벌리는 다른 회사와 달리 기업윤리와 사회공헌 의식이 품질에 스며들어가 있다. 사원들은 단순히 기계를 돌려 제품을 찍어내는 게 아니라 주인의식, 기업윤리, 인간존중의 자세를 갖고 제품을 만든다. 그것은 장인의식과 다를 바 없다. 이런 문화적인 백그라운드가 있기에 제품의 질이 높아지는 것이다.

유한킴벌리 직원들은 '유한킴벌리 제품은 과학'이라고 생각한다. 과학이 삶의 질을 향상시켜나간 것처럼, 제품개발과 품질향상을 통해 고객의 삶의 질을 높여야 한다고 믿기 때문이다.

예컨대 '하기스 네이처메이드'는 자연주의 기저귀라는 차세대 트렌드를 이끌고 있는 제품이다. 네이처메이드는 옥수수와 사탕수수 추출물을 원료로 채택한 기저귀의 안 커버와 통기성커버 등 환경친화적인 소재를 적용한 혁신적인 제품이다.

네이처메이드는 현재보다 미래를 보고 개발된 전략제품이었다. 자연 소재 원료개발에만 4년을 투자했다. 아기 피부가 닿는 면적 대부분에 부드러운 자연친화적 소재가 적용되어 걷기 시작하면서 활동량이 많아지는 아기들의 피부를 편안히 해주도록 했다.

유한킴벌리는 30여 년 동안 하기스를 만들면서 누구보다 아기를 깊이 이해하고 있다. 고객이 가장 중요시하는 속성인 흡수력과 통기성뿐만 아니라 편안한 착용감 같은 세심한 니즈 또한 먼저 실현시키기 위해 노력한다.

2011년부터는 6개월을 주기로 신제품개발 능력을 갖추도록 하고 있다. 경쟁사보다 앞선 혁신적인 신제품을 시장에 내놔 고객의 요구와 기대를 빠르게 제품에 적용하고 있는 것이다.

이처럼 유한킴벌리는 세계 최고의 품질에 도전하고, 세계 최고의 품질이라고 자부한다. 까다로운 한국 고객의 입맛에 맞추기 위해 최고의 품질을 개발해왔기 때문이다. 유한킴벌리는 품질에서 한 발 더 나아가 제품의 기능적인 특징을 살리고, 제품 디자인의 아름다움까지 더하기 위해 노력하고 있다.

고객의 말이
최고의 품질을 만든다

최고의 품질을 만드는 원천은 무엇일까? 바로 고객이다. 유한킴벌리는 고객의 말에 귀를 기울인다. 고객의 의견을 다 받아주려고 노력한다. 그것이 제품을 강하게 만드는 이유다.

제품의 아이디어는 항상 고객에게서 시작된다. 마케팅은 제품을 많이 팔려는 데서 출발하지 않는다. 기저귀를 예로 들어보자.

기저귀를 만들 때 가장 중요한 것은 '기저귀가 아기를 행복하게 해줄 수 있느냐' 하는 고민에서 시작하는 것이다. 아기가 기저귀를 착용한 뒤 엄마 아빠와 함께 정말 즐거운 시간을 보낼 수 있느냐를 생각해야 한다. 그래야 고객의 신뢰를 얻고 브랜드 가치를 만들어나갈 수 있기 때문이다.

유한킴벌리 사원들은 고객에게서 "하기스 매직팬티가 예뻐요",

"외출할 때는 꼭 매직팬티를 채워요"라는 말을 들었을 때 행복감을 느낀다.

한 고객은 집에서는 경쟁사 기저귀를 쓰지만 아기와 외출할 때는 꼭 하기스 매직팬티를 쓴다고 말한 적도 있다. 비록 매직팬티가 비싸서 매번 못 살지언정 매직팬티를 보여주고 싶은 엄마의 마음인 것이다. 그 마음을 알기에 유한킴벌리 직원들은 제품 하나하나에 노력을 다하는 것이다.

유한킴벌리 공장에는 고객 중심의 마인드가 형성돼 있다. 6개월마다 제품을 개선하기 위해 마케팅팀과 생산부문의 협업이 이루어진다. 마케팅팀에서 시장변화를 감지하면 제품 R&D부문이 개발에 나서고, 제품개발과 동시에 생산이 진행되는 시스템이 효율적으로 잘 구축돼 있다. 마케팅, R&D, 제품생산이 따로 노는 게 아니라 서로 오버랩돼 있기 때문에 경쟁사보다 스피드 면에서 앞서고 있는 것이다.

예컨대 고객이 생활용품에서 '부드러움'이라는 속성을 중요시한다고 가정해보자. 그렇다면 티슈와 생리대, 아기 기저귀 등의 제품에서 부드러움에 포커스를 맞추며 기술을 개발한다. 티슈의 예를 들면, 유한킴벌리는 로션을 함유해 보다 매끄럽고 부드러운 프리미엄 티슈를 개발했다. 처음엔 그런 기술이 없었다. 부드러움이라는 속성을 갖고 파고들었기 때문에 가능했다.

다른 회사가 소홀히 여겼던 엠보싱기술도 생리대나 기저귀에 접목했다. 엠보싱은 올록볼록해 쿠션감을 준다. 그 쿠션감 때문에 제품을 착용할 때 더욱 부드럽게 느끼게 된다. 엠보싱처리하는 티슈는 기존 화장지 원료보다 고급을 쓴다. 고급 펄프를 자재로 활용하니 더욱 부드럽고 엠보싱처리까지 하니 더더욱 부드러워지는 것이다.

제조업을 하는 사람에게 제품은 아기와 같은 존재다. 제품을 시장에 내놓으면 성공한 브랜드로 만들고 싶기 때문이다. 엄마가 자식이 잘되기를 바라는 마음과 마찬가지다.

유한킴벌리 직원들은 제품을 시장에 내놓은 것으로 끝났다고 여기지 않는다. 보다 좋은 제품을 만들기 위해 신경을 쓰고, 그 제품이 시장에서 인기를 얻도록 하기 위해 광고, 홍보, 유통까지 노력을 기울인다.

제품이 잘 팔리려면 마케팅, 광고, 홍보, 유통을 잘해야 한다. 하지만 더 중요한 건 바로 품질이다.

유한킴벌리가 좋은 제품을 내놓은 뒤에 경쟁사가 더 좋은 제품을 내놓는 경우가 있다. 이때 유한킴벌리도 단기적으로 광고와 판촉에 공을 들인다. 하지만 반짝 판매량이 늘어날 뿐이다. 장기적으로 보면 효과가 없는 것과 마찬가지다.

제품이 뒤쳐질 때는 다른 방법을 다 동원해도 안 된다. 제품 판매를 끌어올리려고 겉포장을 바꾸며 제품을 리뉴얼해도 고객은 다 안다. 미사여구를 써서 광고를 쏟아내도 소용이 없다.

결국 해답은 품질에 있다. 품질에서 승부를 보지 못하면 마케팅과 판촉은 무용지물이다. 그럴 때 유한킴벌리는 다시 시작한다. 고객이 원하는 제품, 고객이 미처 느끼지 못하는 니즈를 찾아 제품을 만들어 나가는 것이다. 그래야 고객은 진정성을 깨닫게 된다.

절대 잊어서는 안 될
기업의 기본,
'고객 만족'

기업의 기본은 무엇일까? 가치 있는 제품을 만들어 고객을 만족시키는 것이다. 하지만 최근 들어 이런 기본을 망각한 회사들을 흔히 볼 수 있다. 갖고 있는 제품에 안주하거나 머니게임에 보다 치중하는 경우도 있다.

유한킴벌리는 기본을 중요시한다. 고객이 만족하지 않는 제품은 만들지 않는다. 완벽주의에 가까운 스타일이다. 유한킴벌리는 가장 까다로운 고객을 위해 가장 까다롭게 제품을 만든다. 이런 노력은 세계 최고의 품질에 도전하는 것으로 이어지고 있다.

한때 중저가 자동차 생산의 대표기업이었던 일본 도요타는 렉서스Lexus를 만들어 독일차와 같은 명품 반열에 올렸다. 그 이유는 바로 고객만족이라는 기본에 충실했기 때문이다.

도요타의 기술진은 렉서스를 제작하면서 고객이 가장 원하는 차를 만드는 데 주력했다. 고객만족을 위해 그들이 내세운 것은, '완벽을 향한 끊임없는 추구 the relentless pursuit of perfection'였다.

렉서스 개발팀은 자동차 손잡이 하나에도 신경을 썼다. 자동차 뒷좌석에 앉는 사람은 차가 흔들릴 때 창문 위의 손잡이를 잡곤 한다. 스프링의 힘으로 달라붙어 있는 손잡이는 보통 손으로 잡으면 내려오고, 놓으면 다시 원위치로 되돌아간다. 렉서스 개발팀은 손잡이에 진동에너지를 흡수해주는 댐퍼를 장착해 손잡이가 '탁' 하며 바로 올라가지 않고 천천히 제 위치로 돌아가게 만들었다.

차 안의 컵 받침대에도 손길을 미쳤다. 손가락을 살짝 갖다 대기만 해도 우아하게 미끄러져 나오도록 디자인한 것이다. 오디오, 에어컨 스위치도 부드러운 느낌으로 작동하게 만들었다. 작은 소리 하나에도 정성을 기울여 이상적인 소리를 찾았다. 차 문을 열고 닫을 때 '텅' 하고 나는 소리 하나도 귀에 거슬리지 않게 했다.

시트에도 정성스런 손길이 묻어나게 했다. 렉서스 개발팀은 미국사람들이 부드러운 승차감을 좋아한다는 것을 알고 있었다. 그래서 부드러운 감촉을 지닌 시트개발에 주력했다. 시트의 품질기

준은 물론 바늘땀 횟수까지 신경을 썼다.

고급차의 가장 중요한 요건 중 하나는 시간이 지날수록 애착이 더해간다는 것이다. 오래 갖고 있어도 처음 구입할 때의 감동이 그대로 남아 있는 것이다. 이런 감동은 내구성을 높이는 것에서 출발한다.

시간이 지나도 뒤떨어지지 않는 품질을 유지하기 위한 노력은 계속됐다. 렉서스를 미국 애리조나 사막지대와 플로리다 고온다습지대로 몰고 나가 직사광선에 노출시킨 상태에서 내구성실험을 반복하며 자동차의 노화방지 개선작업을 진행한 것이다.

이런 노력의 결과, 렉서스는 독일차가 장악하던 미국시장에서 새로운 고급차로 자리매김할 수 있었다. 가치 있는 제품을 만들어 고객을 만족시켰기 때문이다.

뽀삐
국민적인 사랑을 받은 강아지 캐릭터

1974년 화장지를 출시할 당시 유한킴벌리 마케팅팀은 국내 최초로 강아지 캐릭터를 도입하기로 결정했다. 당시 마케팅팀에서는 '강아지'와 관련된 단어를 찾다 부르기 쉽고 앙증맞은 느낌의 '뽀삐Popee'라는 이름을 생각해냈다. 사람들이 부르기 쉽고, 친근함을 느낄 수 있는 브랜드를 만들기 위해서였다. 이후 '뽀삐'는 35년간 화장실용 화장지의 대명사가 되었다. 특히 80년대에는 온 동네 강아지 이름이 뽀삐일 정도로 뽀삐 신드롬이 불기도 했다.

2009년에는 뽀삐의 새로운 캐릭터를 선보이기도 했다. 평면적이었던 뽀삐를 3D 입체 캐릭터로 바꾸고 변경된 디자인을 제품 패키지에 적용했다. 또한 1986년 처음으로 방송을 탔던 뽀삐 CM송을 현대적 감각에 맞는 리믹스 버전으로 선보여 화제를 모았다. 새로운 뽀삐송은 랩, 아카펠라, R&B 등 다양한 버전으로 개발되어 다양한 계층의 관심을 끌었다.

트렌드 세터

창조적 발상으로
시장을 리드한다

착하면서 강한 기업
유한킴벌리 이야기

고객이 찾지 않으면
찾도록
만들어라

'크리넥스'와 '하기스', 이미지 차별화로 혁신고객을 사로잡다

외출을 준비하는 그녀의 손놀림이 분주하다. 화장대 위에 놓인 화장품 사이로 네모난 상자에 한 장씩 뽑아 쓰기 편한 미용티슈가 보인다. 티슈는 당연히 그곳에 있어야 한다는 듯 당당하다. 그런데 한국 여성의 화장대 위에 맨 처음으로 미용티슈를 올려놓은 것은 누구일까?

1970년대 한국에서 화장지는 매우 귀한 존재였다. 그 당시 사람들에게는 '화장지'라는 개념이 없었다. 갈색화장지나 미군부대를 통해 흘러나온 흰색화장지는 일부 도시 부유층에서만 볼 수 있었다. '어떻게 사느냐'는 중요하지 않았다. '먹고 사는 것'이 문제였다. 불과 40여

년 전 생활 모습인데 아주 오래전 일인 듯 멀게 느껴진다. 이런 시대에 미용티슈라니, 누가 상상이나 했을까? 그 시절 누군가는 까마득히 먼 미래에나 있을 법한 일이라고 잡아뗐을지 모른다.

1970년 유한양행과 미국 킴벌리클라크가 합작해 만든 유한킴벌리의 사업은 세계적인 브랜드 '크리넥스Kleenex'를 들여오면서 시작됐다. 바로 티슈 사업이었다.

처음부터 '기존에 없던 새로운 수요'를 만들어야 했다. 서양의 차도녀들이 사용하는 앞선 제품이었던 티슈를 국내에 파는 것이었다. 미국에서는 1924년부터 얼굴에 사용하는 종이로 불리는 '훼이셜 티슈facial tissue'를 사용하고 있었다. '지저분한 손수건'은 가고 '깔끔한 티슈'가 온 것이었다.

유한킴벌리는 서양 모델을 등장시켜 '피부도 놀라는 부드러운 감촉'이라는 캐치프레이즈를 앞세워 제품을 생산, 판매하기 시작했다. 이제 우리 피부도 부드러운 종이로 소중하게 관리하자는 메시지였다. 그렇게 유한킴벌리의 도전은 시작됐다.

하지만 야심차게 시작한 크리넥스 티슈 사업은 처참하게 망가졌다. 먹고 살기 바빴던 한국 사람들은 '얼굴을 가꾸는 부드러운 종이'에 별로 관심을 갖지 않았다. 깔끔한 포장은 퇴색되어 빛이 바랬다. 유한킴벌리의 첫 번째 시련이었다.

'콜드크림 닦는 티슈'로
여심을 공략하다

훼이셜 티슈에 대한 고객의 1차적 욕구가 형성되어 있지 않은 시장 상황에서 티슈의 부드러움은 구매동기를 유발하는 데 아무런 도움이 되지 못했다. 경쟁자가 없는 시장에서 브랜드 우위전략 또한 아무 의미가 없었다. 실질적인 혜택을 제공해줄 수 있는 강력한 판매기점 selling point을 찾아 고객을 설득해야 했다. 국내 상황에 대한 충분한 생각 없이 글로벌마케팅전략을 보편적으로 적용한 데서 비롯된 시행착오였다.

출시 후 2~3개월 동안 고객으로부터 별 반응이 없자 유한킴벌리는 모든 광고를 중단했다. 시장이 만들어지지 않은 상황에서 새로운 마케팅전략이 필요했다. 고객은 언제 티슈를 사용할까? 고객이 티슈와 관련하여 제일 필요로 하는 용도를 찾아 본질적인 수요 욕구를 자극한다는 전략을 세웠다.

3개월 뒤 새롭게 찾은 판매전략은 '콜드크림 닦는 티슈'였다. 화장 용도로서 훼이셜 티슈의 시장규모는 일반 용도보다 훨씬 작았다. 목표는 화장 용도가 아니었다. 티슈박스가 가정에 들어가 화장대에 놓이게 되면 온 가족이 자연스럽게 사용할 기회가 생긴다. 소비층이 확대되면 시장 규모는 커진다. 화장 용도로서의 훼이셜 티슈는 최초의 수요를 만들기 위한 전략이었다.

당시 여성들은 콜드크림으로 화장을 지운 후 거즈로 닦아냈다. 거즈는 흡수력이 없고 표면이 거칠어 피부를 상하게 할 우려가 있었다. 크리넥스는 바로 이 점을 공략했다. 거즈 대신 부드럽고 흡수력이 좋은 크리넥스를 사용하면 좋은 미용효과를 볼 수 있다는 광고는 여성들을 설득하기에 충분했다. 바닥으로 가던 판매곡선은 45도 각도로 치솟았다. 마법 같은 변화였다.

크리넥스가 여성들의 마음을 사로잡아 시장침투에 성공하긴 했지만 미용 용도만으로는 소비량이 제한적이었다. 얼굴에 쓰는 모든 용도를 개발하여 수요를 확대해야 할 필요가 있었다. 새로운 용도를 창조하거나 사용빈도를 높이는 전략이 요구되었다.

여성들의 미용필수품으로 자리잡은 티슈의 개념을, 유한킴벌리는 좀 더 확장했다. 1972년부터 위생 컨셉의 메시지를 전달하기 시작했던 것이다. 'STOP! 포켓에 세균을 넣고 다니지 마십시오!'라는 헤드라인을 시작으로, 우리나라에서도 티슈는 교양 있는 사람들이 사용하는 필수품이라고 포지셔닝한 것이다(이때부터 매체광고에는 코를 풀고 있는 귀여운 신사 캐릭터가 등장했다).

이후 '콧물은 크리넥스 티슈로 닦으세요—감기 콧물에서 417만 개의 세균이 검출되었습니다'라는 상세한 메시지를 전달하면서 비로소 한국 가정의 안방에서도 티슈는 자리 한구석을 차지할 수 있었다.

1977년 훼이셜 티슈에 대한 고객조사 결과는 놀라웠다. 사람들은 훼이셜 티슈를 콜드크림 마사지 후 가장 많이 사용했다. 그 밖에 감기 콧물, 외출, 여행, 손이나 입을 닦을 때, 아기를 닦아줄 때 사용하는 것으로 나타났다. 제품을 도입하고 사용 용도를 꾸준히 교육한 결과였다. 크리넥스가 시장 정착에 성공한 것이다.

당시 우리나라 여성 중 화장연령 인구는 약 800만 명으로 그 가운데 화장인구는 90퍼센트에 해당하는 약 730만 명, 그 가운데 콜드크림으로 불리는 클렌징크림을 사용하는 인구는 화장인구의 70퍼센트에 해당하는 약 510만 정도로 추산되었다. 그러나 훼이셜 티슈를 소비하는 인구는 클렌징크림 사용 인구의 10퍼센트에도 못 미치는 약 48만 명으로 추정되어, 화장용도 시장에 막대한 잠재수요가 존재하고 있음을 알 수 있었다.

유한킴벌리는 크리넥스를 내놓은 지 두 달 뒤인 1971년 7월 '화장실 휴지bathroom tissue'를 출시했다. 이것은 흔히 말하는 두루마리 화장지로, 미용티슈와 동일한 수준의 재료를 사용해 보다 넉넉한 양을 사용할 수 있는 친절한 화장지였다. 미용화장지만으로는 화장지 원단을 소비하기에 부족했던 유한킴벌리는 동일한 수준의 원단으로 두루마리 화장지를 선보인 것이다.

그런데 이 두루마리 화장지가 가정에 들어가 미용티슈의 자리를 밀어내는 현상이 벌어졌다. 친절은 베푼 이에게 때론 독이 될 수 있었다.

여성의 화장대에 올라와 있는 이 귀한 물건을 가족들은 한 장씩 야금야금 사용하기 시작했다. 평소 이런 행동을 못마땅해하던 마나님들은 결국 미용티슈를 장롱 속에 숨겨놓고, 값싼 화장실용 화장지를 거실에 꺼내놓은 것이다. 결국 미용티슈의 판매량은 줄어들고, 그 자리를 저렴한 화장실 화장지가 메우기 시작했다.

유한킴벌리는 고민했다. 모처럼 성공한 미용티슈의 판매량을 다시 늘릴 수 있는 방법은 무얼까. 유한킴벌리가 선택한 것은 한국인의 자존심, '체면'이었다.

1972년 2월에 선보인 화장실 휴지의 광고는 '당신의 체면문제 한 가지'라는 헤드라인으로 시작했다. '설마 어느 나라에서나 화장실에서 사용하는 두루마리 화장지를 안방에서 사용하는 건 아니냐'고 물어본 뒤 손님을 위해, 집안의 교양을 위해, 두루마리 화장지는 화장실로 '추방'해줄 것을 요구했다. 이것은 너무 당연한 일이라면서 말이다.

크리넥스의 크리스마스 패키지 프로모션도 주목할 만했다. 크리스마스 분위기를 연출하는 트리, 케이크, 산타클로스 등의 그림과 함께 연말 분위기에 맞는 형태의 패키지로 변경하여 단기간 내 매출신장을 목표로 했다. 'Merry Kleenex and Happy New Year - 메리 크리넥스와 함께 메리 크리스마스를'이라는 헤드라인으로 진행된 이 광고는 시즌 특수를 창출하는 한편, 일반인에게 크리넥스의 이미지를 높여나가는 데 크게 기여한 광고로 평가받고 있다.

1980년대는 치열한 경쟁에 돌입한 시기다. 10여 년 동안 유한킴벌리의 독주로 이어져온 화장지 시장은 유한킴벌리(크리넥스), 쌍용(스카티), 모나리자(모나리자), 조아모니카(챔프)의 4개 회사가 경쟁하는 구도로 변했다. 시장 경쟁으로 각 브랜드의 티슈 품질은 고객이 차이를 느끼지 못할 정도로 향상되었다. 경쟁사들은 새로운 패키지의 제품을 출시해 신선함을 공략했다. 오랫동안 시장을 지배해온 크리넥스는 식상함을 느낄지 모르는 고객에게 또 다른 변화를 보여야 했다.

유한킴벌리는 크리넥스 'Bless you' 캠페인을 통해 이미지 차별화를 시도했다. 크리넥스 티슈만의 독특한 브랜드 이미지를 각인시키기 위함이었다. 제품의 특성인 부드러움에 우정, 생일, 결혼 등 일상생활과 밀착될 수 있는 소재를 연결해 '부드러움=휴머니즘'을 형상화시켜 주로 TV를 통해 광고를 진행시켰다. 일방적으로 제품 품질의 우수성을 강조하는 경쟁사의 광고에 정면으로 대처하지 않고 시장을 이끄는 기업으로서 고객의 선호도를 높인 성공적인 사례라 할 수 있다.

국민의 친구가 된
'우리 집 화장지 뽀삐'

"우리 집 강아지 뽀삐 (뽀삐), 우리 집 화장지 뽀삐 (뽀삐)

언제나 우리 집은 뽀삐 (뽀삐),

뽀뽀뽀뽀뽀뽀 삐삐삐삐삐삐 뽀삐뽀삐 (왈왈) 뽀삐뽀삐 (왈왈)"

1970~1980년대를 보냈던 이라면 누구나 귀여운 강아지가 등장하는 이 광고를 기억할 것이다. '우리 집 강아지 뽀삐, 우리 집 화장지 뽀삐'로 시작하는 CM송은 당시 큰 인기를 끌었다. '언제나 우리 집에 함께하는 귀여운 강아지' 뽀삐는 유한킴벌리의 화장실용 화장지 브랜드다. 온 국민의 강아지가 된 뽀삐는 어떻게 탄생했을까?

처음 출시된 크리넥스 화장실용 화장지는 품질이 좋고 가격도 비쌌기 때문에 화장실로 가기에 제한적일 수밖에 없었다. 우리나라의 사회문화적 환경도 서서히 변하고 있었다. 재래식 화장실이 수세식 화장실로 개선됨에 따라 화장지가 생활필수품으로 자리잡기 시작했다. 대내외적으로 경제적인 보급형 화장지를 내놓아야 할 시기였다.

1970년대 중반을 지나면서 화장지는 사람들의 생활 속에 파고들기 시작했다. 이제 목표는 이 제품을 보다 많은 사람들의 생활 속에 '침투시키는 것이었다. 문제는 여전히 크리넥스가 대중에게 다가가기에

너무 먼 존재라는 점이었다.

기존의 황갈색 보급형 화장지와 경쟁하기 위해서는 가격경쟁력 확보가 관건이었다. 유한킴벌리는 천연펄프의 함량을 낮추고 재생펄프를 사용하는 기술을 개발해 품질과 가격경쟁력을 확보했다. 그러나 킴벌리클라크의 정책상 재생펄프를 사용한 티슈에는 크리넥스 브랜드를 사용할 수 없었다.

유한킴벌리는 사람들에게 다가갈 비장의 카드를 꺼내들었다. 1974년 8월 '뽀삐Popee'는 그렇게 태어났다. 뽀삐는 원래 킴벌리클라크의 일본 투자회사인 주조킴벌리의 브랜드였으나, 일본에서 그리 알려져 있지 않았다. 그러나 유한킴벌리는 현지 적용시장에서 어떻게 키우느냐가 더 중요하다는 판단에 주저 없이 브랜드를 선택했다.

뽀삐는 기존의 천연펄프 100퍼센트 원단에 재생펄프를 섞는 방식으로 만들어졌다. 가격은 떨어졌고 생산은 빨라졌다. 비로소 대중스타의 자질을 갖춘 것이다.

유한킴벌리는 뽀삐의 심벌마크인 강아지를 만들고, 여기에 로고를 더했다. 귀여운 강아지가 '왈왈'거리는 시안도 고안했다. 곧 그 유명한 로고송이 더해졌다. 케이블방송 드라마 〈응답하라 1997〉의 등장 음악만큼 중독성 강했던 세기의 음악은 그렇게 태어났다.

친근한 이미지의 뽀삐와 함께 뽀삐 강아지, CM송이 큰 인기를 얻으며 화장지 시장의 최고 브랜드로 자리잡게 됐다. 뽀삐는 전 국민의 애완견이 되었고, 한국인의 뒤를 말끔히 청소해주는 고마운 친구로 자리매김했다. 뽀삐는 당시 서민생활에 중요한 비중을 차지하는 독과점 품목으로 지정돼 5년간 가격인상을 억제당하면서 짜장면과 함께 대표적인 서민의 벗이 됐다.

훌륭한 아이를 키우기 위해선 '하기스'

뽀삐가 가정에 자리잡은 1970년대에도 우리나라 엄마들은 직접 천 기저귀를 빨고 삶았다. 그것은 엄마의 의무요, 며느리의 책임이었다. 시어머니도 그렇게 아들을 키웠다.

유한킴벌리는 다시 도전했다. 선택은 '종이기저귀'였다. 한 명의 아이도 키우기 힘들다는 요즘, 생각해보면 종이기저귀도 없었던 시절에는 어떻게 몇 명이나 키웠나 싶다. 세상이 참 편해졌다. 낳기도, 키우기도 어렵다지만 아기 엄마들은 그 많은 기저귀 빨래를 하지 않게 된 것만으로도 행복할 수 있지 않을까?

종이기저귀는 티슈가 그랬듯 서양에서는 이미 필수품으로 자리잡고 있었다. 유한킴벌리는 빨랫줄에서 천 기저귀를 거둬들인다는 새로운 목표를 설정했다.

이제 빨랫줄에 흰 기저귀가 널린 풍경은 추억으로 남게 되었다. 유한킴벌리가 1980년 6월, 종이기저귀 '크린베베KleenBebe'를 생산, 판매하기 시작하면서부터다. 크린베베는 일회용 패드식 아기 기저귀로 선진국에서는 이미 1960년대 초반부터 보편화된 제품이었다. 하지만 당시 우리나라에서는 아기 엄마의 대부분이 천 기저귀를 하루에 최소한 10개 이상 빨고 삶아서 다시 사용하는 것을 당연하게 여겼다. 이 정도는 아기를 키우는 엄마라면 누구나 감수하는 정성이자 도리라고 생각하는 분위기였다. 종이기저귀가 비집고 들어가기 쉽지 않은 상황이었다.

그 시절 우리나라는 매년 60~70만 명의 신생아가 태어나고, 1인당 국민소득이 1,600달러를 넘어서는 등 생활수준이 높아지고 있었다. 유한킴벌리는 아기 기저귀시장의 성장 가능성이 충분하다고 판단했다. 1인당 국민소득이 일정 수준에 도달하면 기저귀시장이 형성된다는 사실도 고려했다. 유한킴벌리는 잠재적 성장 가능성이 매우 높은, 그러나 들어서기 쉽지 않은 아기 기저귀시장을 개척하기로 했다.

국내 최초의 본격적인 아기 기저귀는 사실상 크린베베라 할 수 있다. 크린베베보다 먼저 시장에 유통된 종이기저귀가 있었지만, 제품의 질이 낮았다. 초기의 크린베베는 일반 고객보다 병원, 약국 등을 겨냥해 제품 사용률을 높이는 데 주력하는 전략을 택했다. 광고에서는 제품에 집중해 편리성보다 위생적인 면을 강조했다.

판매를 확장하기 위해서는 가장 먼저 종이기저귀에 대한 엄마들의 심리적 저항을 해결해야 했다. 1970년대 초 생리대와 미용티슈를 내놓았을 때와 마찬가지로 종이기저귀라는 제품을 고객에게 알리는 일이 무엇보다 중요했다. 종이기저귀 사용이 엄마의 정성이나 도리를 소홀히하는 것이라는 생각을 없애기 위해서는 사회 계몽적으로 접근해야 했다. 종이기저귀는 재래식 천 기저귀보다 경제적 부담이 크다는 점에서 가격 저항감에 대한 우려도 있었다. 일반 고객을 대상으로 한 초기 광고는 사용자(아기)가 아닌 구매자(엄마) 관점에서 사용의 편리함과 경제성에 초점을 맞춰 제품에 대한 이해를 높이는 데 목표를 두었다.

크린베베가 시장에 도입된 지 15개월이 지난 1983년 하반기에 우리나라 인구는 4,000만 명을 돌파했다. '한 자녀 갖기 운동'이 전개되면서 자녀의 수가 줄어들자 육아에 관심이 커졌다. 맞벌이부부가 많아져 소득이 늘어났다. 젊은 부부를 중심으로 비용이 들더라도 좋은 제품을 선택하고 삶의 질을 추구하는 모습이 자리잡아가는 시기였다. 그 결과 편리한 문화생활을 누리기 위한 소비지출이 증가하고 핵가족화로 기저귀 사용 폭이 넓어졌다.

이때 유한킴벌리는 크린베베를 선보인 지 15개월 만에 한 단계 더 발전한 '하기스Huggies'를 출시했다. 크린베베는 팬티 속에 부착하는 삽입식 기저귀라 착용이 불편하고 옆으로 새는 문제가 있었다. 하기스는 크린베베의 이런 문제를 해결한 팬티형 아기 기저귀였다. 하기스는 아기 몸에 꼭 맞는 팬티형으로 몸에 젖지 않는 드라이 터치 커버, 오줌을 옆으로 새지 않게 하는 고무밴드를 사용했다. 제조원가가 크린베베의 2배를 넘었다. 하지만 유한킴벌리는 제품의 우수성을 강조하는 공격적인 광고 전략을 택했다.

하기스라는 브랜드는 킴벌리클라크의 아기 기저귀 상표였다. 이 브랜드네임은 '사랑스럽게 껴안다hug'라는 영어 단어에서 따왔다. 문제는 영어 브랜드를 우리말로 어떻게 표기하느냐였다. 영어 발음으로는 허기즈에 가까웠다. 하지만 유한킴벌리는 허기즈 대신 하기스를 선택했다. 허기즈는 우리말로 '허기지다(배고프다)'는 말을 연상하게 해 어감이 좋지 않았다. 반면 하기스는 우리말로 '하하 웃는 아이'를 떠올리게 만들었다. 디자인 역시 아기의 웃는 모습을 떠올리도록 만들었다. 당시 포장지에 찍힌 하기스 로고의 '하'는 웃는 아기의 입모습으로 디자인했다.

초기에는 구매자인 엄마에게 편리한 상품으로 주목을 받았던 아기 기저귀는 점차 사용자인 아기를 위한 상품으로 초점이 맞춰졌다. 기저귀를 착용하는 아기에게 위생적이고 편안한 제품으로 거듭난 것이다. 신소재 개발이 가속화돼 1986년에 출시된 하기스 슬림은 선풍적인 인기를 누렸다. 높은 흡수력을 가진 신소재를 넣어 기존 종이기저귀보다 무려 30배나 많은 소변을 흡수하게 했다. 제품이 더 뽀송뽀송해졌고 착용감이 더욱 향상됐다.

처음에 하기스의 주요고객은 상류계층이나 혁신고객, 외국거주 경험자 등으로 극히 제한적이었다. 유한킴벌리는 고객을 넓혀나가기 위해 아기를 잘 키우고 싶은 엄마의 마음을 광고에 담아냈다.

'훌륭하게 키우셔야죠! 의학박사? 대사업가? 금메달리스트? 예술가? 훌륭한 인물이 되려면 성격부터 훌륭해야 합니다. 태어나서 세 살까지가 성격의 바탕이 이루어지는 중요한 시기입니다. 바로 지금부터 빈틈없는 정성을 기울여 깨끗하게 밝게 키우셔야죠. 기저귀 하나에도 세심한 신경을 써주세요. 아기가 24시간 차고 있는 기저귀 – 축축한 기저귀의 불쾌감이 부모님 모르게 아기의 성격 형성에 영향을 미칩니다. 쉬~ 해도 보송보송하고 다리로 새어 흐르지 않는 하기스를 채워보세요. 훨씬 덜 보채고 더 잘 논답니다.'

아기를 키우는 부모라면 누구나 자기 아이를 훌륭하게 키우고 싶은 본능이 있다. 아이가 24시간 차고 있는 기저귀야말로 말 못하는 아기의 성격 형성에 지대한 영향을 미칠 수 있다는 점을 제시한 광고였다.

값은 고가지만 하기스를 통해 아기가 그만큼 편해지고 그런 편안함이 아이의 성격 형성에 큰 영향을 미치게 된다는 것을 강조한 광고였다. 좋은 기저귀가 좋은 성격을 형성한다는 믿음을 아기 엄마에게 확신시키는 컨셉이었다.

유한킴벌리는 고객이 제품을 사용하지 않는다고 망설이지 않았다. 시장을 분석하고 상황에 맞는 전략을 택한 뒤 공격적인 마케팅을 펼쳤다. 덕분에 우리나라 화장지와 일회용 종이기저귀시장을 개척한 기업으로 당당히 자리잡을 수 있었다. 시장 개척 기업으로서 유한킴벌리의 과감한 마케팅전략은 지금도 충분히 참고할 만하다.

고객의
눈높이에 맞추면
진열도 달라진다

글로벌 대형마트의 방침마저 바꾼 진열 전략

대형마트가 본격적으로 등장한 건 IMF 이후
이다. 하지만 유한킴벌리 직원들은 일찌감치 대형마트가 앞으로 유
통을 장악하게 될 것으로 내다보았다. 투자사인 킴벌리클라크에서 확
보한 유통트렌드 변화 자료가 도움이 됐다. 킴벌리클라크는 미국의
사례에 비춰 슈퍼마켓이 대형마트 중심으로 재편될 것이라고 자주 언
급했다.

대형마트가 이곳저곳에 세워지자, 유통업계 사람들은 대형마트를
'신유통'이라고 불렀다. 유한킴벌리 영업사원들은 신유통을 하는 사
람들이 어떤 방식의 판매전략을 세우는지에 관심을 기울였다. 경쟁에

서 이기고, 시장에서 살아남기 위해서는 대형마트가 어떤 식의 전략을 펼치게 될 것인지를 예견하는 게 중요했기 때문이다.

미래를 먼저 준비했기에 유한킴벌리는 영업전략에서 한발 앞설 수 있었다. 이전 유통 체인은 주먹구구식으로 매대를 운영했다면, 대형마트는 달랐다. 대형마트는 진열기법과 매대의 효율성 등에서 자기 나름의 기준을 갖고 있었다. 그들은 매뉴얼에 따라 상품을 진열하고 배열했다. 유한킴벌리의 영업사원들은 대형마트의 이런 특징을 알고 있었기에, 대형마트와 소통하기 쉬웠다. 반면 경쟁사들은 기존 슈퍼마켓과 다른 대형마트의 판매전략을 잘 모르다보니 커뮤니케이션에 어려움을 겪었다.

유한킴벌리가 만든
매대 진열공식

대형마트의 등장으로, 제조업체의 협상력bargaining power이 유통업체로 넘어가고 있지만 여전히 변하지 않는 게 한 가지 있다.

바로 매대의 진열방식이다. 우리나라는 생리대, 기저귀, 두루마리 화장지를 같은 코너에 진열한다. 이렇게 진열하는 나라는 우리나라가 유일하다. 미국 등 다른 나라에서 생리대는 여성용품 코너에, 기저귀는 유아용품 코너에 진열하는 게 보통이다.

우리나라만 다른 까닭은 무엇일까? 이런 진열방식은 '유한킴벌리가 만든 공식'이다. 생리대, 기저귀, 두루마리 화장지를 같은 코너에 진열하는 것은 품목 중심이 아니다. 메이커 중심의 진열방식이다.

애초에 이마트는 메이커 중심의 진열방식을 없애고, 품목 중심의 진열방식으로 바꾸려 했다. 생리대를 여성용품 코너에, 기저귀를 유아용품 코너에 진열하도록 한 것이다. 그러나 이런 식의 진열은 오래가지 못했다. 매장을 재배치했지만 오히려 역효과만 났다. 고객들이 혼란스러워했고, 혼란스러워진 고객들의 항의가 빗발쳤기 때문이다. 평소에는 생리대를 사고 바로 옆에서 기저귀를 샀는데, 두 품목을 뚝 떨어뜨려 놓으니 고객은 불편했던 것이다. 결국 이마트는 생리대, 기저귀, 티슈를 같은 매장에 놓는 식으로 진열을 했다.

심지어 외국계 대형마트인 까르푸 역시 고유한 진열방식을 버리고 이 같은 진열방식을 택했다. 처음엔 까르푸의 경영진도 "이따위로 개념 없이 진열을 해놓느냐!"며 호통을 치고 진열방식을 바꾸라고 했다. 하지만 고객들은 그런 진열방식을 원하지 않았다. 고객은 경험적으로 움직인다. 익숙한 경험 탓에 고객의 불만과 항의가 쌓이자 까르푸 역시 진열방식을 바꿨다.

월마트는 처음부터 그들만의 방식을 택했다. 그들은 본사의 진열방식을 고수하며 고객의 불만에도 아랑곳하지 않고 생리대와 기저귀를 각각 다른 매대에 진열했다. 고객의 항의를 받았지만 월마트 점장들은 별다른 조치를 취하기가 어려웠다. 월마트는 본사의 매뉴얼을 철저하게 따라야 했기 때문이다.

미국 사람들은 품목별로 구분해놓은 매대에 익숙하다. 여성용품인 생리대와 유아용품인 기저귀가 같은 매대에 놓여 있는 것을 이해할 수 없었던 것이다.

우리나라는 달랐다. 화장지, 생리대, 기저귀가 한 묶음으로 놓여 있었다. 이런 매대의 진열방식은 대형마트가 나오기 이전부터 슈퍼마켓에서 유한킴벌리가 만들어놓은 것이었다.

고객의 눈높이에 맞추지 못한 기업은 결국 고객의 선택을 받을 수 없었다. 월마트는 매장 진열방식부터 동선, 선반 등 모든 것을 본사의 규격에 맞추다보니, 고객들로부터 외면을 받았다.

미국과 유럽계 대형마트가 토종 대형마트에 백기를 들고 한국시장에서 철수했다. 고객의 니즈를 만족시키는 데 실패했기 때문이다.

예를 들어 월마트와 까르푸는 최소한의 사원과 서비스로 비용을 줄여 최대한 저렴한 가격 정책을 밀고나갔다. 그러나 한국 고객은 단순히 저가의 상품을 전시한 매장이 아닌 자신의 다양한 가치를 충족시켜주는 복합쇼핑 공간을 원했다. 할인매장에서도 백화점처럼 쇼핑과 함께 식사, 오락 등을 한꺼번에 해결할 수 있는 원스톱 서비스를 바란 것이다.

월마트나 까르푸는 매장 짜임새에서도 한국 고객을 따라가지 못했다. 한국 고객은 신선식품부터 구매한 뒤 공산품은 나중에 구매하는 소비패턴을 보여준다. 그러나 월마트는 가공식품을 많이 먹는 서양 사람의 식성에 맞춰 공산품을 중심으로 상품을 배치했다. 한국 고객들이 물건만 가득 쌓인 어두컴컴한 창고형 마트에서 혼자 물건을 찾아내 구매하는 것을 좋아할 리가 없었다.

서구형 할인매장은 불편하다는 인식이 고객들의 머릿속에 박혔다. 반면 국내 할인매장 업체들은 달랐다. 철저히 우리나라 가정주부의 눈높이와 욕구에 맞추는 전략을 썼다. 백화점 수준의 서비스로 쇼핑을 하면서 가족이 즐길 수 있는 복합공간을 마련했던 것이다. 또 주차장부터 매장 곳곳에 사원을 배치해 고객들이 상품을 고르거나 찾는 데 도움을 주었다.

이는 비즈니스 세계에서는 아무리 작은 것이더라도 고객이 원하는 것을 찾아 만족시키는 게 매우 중요하다는 것을 보여준 사례다. 유한 킴벌리가 글로벌 브랜드에 맞서 성공을 움켜쥔 이유도 마찬가지다. 까다로운 여성 고객의 감성에 눈높이를 맞추었기 때문이다. 그래서 1위로 올라선 것이다.

이기는 제품을
만드는
트렌드 세터가 되라

팔로워는 1등이 될 수 없다, 시장점유율 60퍼센트의 각오

'트렌드 세터trend-setter'는 사전적인 용어로 '시대의 풍조나 유행 등을 이끄는 사람'이라는 뜻이다. 고객의 니즈를 민감하게 캐치한 뒤 시대의 흐름을 리드하는 사람이나 기업을 말한다.

유한킴벌리는 트렌드 세터를 지향하고 있다. 선두기업을 따라가서는 영원히 진다고 여긴다. 팔로워follower가 되어서는 1등을 할 수 없다. 물론 이것은 경쟁이 치열한 정글의 법칙에서 쉬운 일은 아니다. 하지만 정글에서 살아남기 위해서는 시장 선도자가 되어야 한다.

유한킴벌리의 이 같은 자신감은 국내에서 처음으로 종합생활용품의 시장을 연 개척정신과 글로벌기업 P&G를 이긴 성공경험이 있기 때문이다. 유한킴벌리는 티슈, 생리대, 기저귀 제품을 선보이면서 없던 시장을 만들어나갔다. 세계적인 글로벌기업의 도전을 받으며 1위 자리를 내줬지만, 도전을 응전으로 맞서며 1위 자리를 지켜냈다.

사실 P&G의 제품이 통하지 않는 나라는 한국뿐이었다. P&G가 전 세계적으로 제품을 만들어놓으면 9개월 만에 시장은 P&G 제품 방식을 따라갔다. 경쟁 업체들은 P&G 제품을 따라가기에 급급했다. 그러나 한국은 달랐다. P&G는 한국에서의 기저귀사업은 아예 철수 해버렸고, 티슈 사업도 매각했다. P&G의 한 관계자는 "P&G 본사에서 "인도 같은 큰 나라에서도 일정 정도의 시장점유율이 나오는데, 한국처럼 조그만 나라에서 시장점유율이 안 나오는 이유가 뭐냐?"며 강하게 질타했다"고 말했다.

이기는 제품을 만드는
시장점유율 60퍼센트 이상의 각오

트렌드 세터로서의 유한킴벌리의 자신감은 시장점유율에 대한 높은 기대수치에서 찾을 수 있다. 경쟁이 치열한 생활위생용품 분야에서 30퍼센트 정도의 시장점유율만 차지해도 나쁘지 않은 수치다. 하지만 유한킴벌리 사원들은 30퍼센트는 아주 낮은 수치라고 생각한다. 시장점유율 50퍼센트도 유한킴벌리 사원들에게는 성이 차지 않는다. 회사 내부에서는 시장점유율 기준이 60퍼센트일 정도이다. 그보다 아래로 떨어질 때는 사원들 스스로 스트레스를 받는다. 기왕에 하려면 시장점유율이 60퍼센트는 돼야 한다는 생각을 한다.

유한킴벌리 사원들은 이처럼 높은 시장점유율에 중독돼 있다. 시장을 선도하고 이끌어가기 위해서는 그 정도의 시장점유율이 있어야 한다는 생각을 갖고 있기 때문이다. 트렌드 세터로서의 마인드인 셈이다. 이런 마인드를 갖고 있는 사원과 그렇지 않은 사원은 그 출발점이 다르다. 출발점이 다르면 목표점도 달라질 수밖에 없다.

신규사업을 할 때도 마찬가지다. 남들이 하는 방식을 따라가서는 트렌드 세터가 될 수 없다. 유한킴벌리가 2010년 첫 선을 보인 육아용품 전문 브랜드 '더블하트'는 유한킴벌리의 트렌드 세터로서의 역할을 보여주는 좋은 사례다.

더블하트는 출시와 동시에 종합유아용품 대표 브랜드로 자리매김했다. 출시 1년 만에 매출이 두 배를 넘어섰다.

이 가운데 간판스타는 '신모유실감'이라는 이름의 젖병과 젖꼭지다. 기존 젖병이 엄마의 가슴과 흡사한 느낌을 주도록 외관에 집중한 것과 달리, 아기가 젖을 먹는 입술 밀착, 연동운동, 섭취의 3박자를 모두 고려해 엄마 품에 안긴 듯 자연스런 수유가 가능하도록 개발됐다.

신생브랜드 더블하트가 빠르게 시장에서 자리잡은 데는 철저한 현지화와 고객과의 적극적인 커뮤니케이션이 있었기에 가능했다. 시장 조사 과정에서 기존 제품으론 충족되지 않는 그 무엇을 찾아, 우리나라 엄마들만을 위한 제품을 선보였다. 기존에는 젖병을 구입하려면 꼭 필요 없는 젖꼭지까지 함께 구입해야 했다. 고객들은 불만이 쌓였다. 더블하트는 젖병만으로 된 트윈팩 패키지를 선보였다.

현재 수유용품, 헬스케어, 성장지원용품, 임산부용품 등으로 구성된 더블하트의 전체 품목 수는 100여 개를 넘어서고 있다. 그만큼 고객 니즈를 다양하게 아우르고 있다는 반증이다.

기존 수입 육아용품은 글로벌 패키지를 적용해 고객에게 정확한 제품 정보를 전달하지 못했다. 반면 더블하트는 제품 패키지는 물론 설명서에 이르기까지 모든 내용이 한글로 적혀 있다. 손쉽게 제품 정보를 볼 수 있게 배려한 것도 더블하트만의 경쟁력으로 손꼽힌다.

더블하트는 회사의 미개척 유통채널인 베이비 숍에서도 선보였다. 현재 베이비 숍의 매출 비중은 대형마트를 넘어섰다. 더블하트가 베이비 숍에서 확고히 자리를 잡으면서 기저귀, 물티슈, 스킨케어도 함께 진출하여 판매 채널을 확대하고 있다. 한 매장에서 한 회사 브랜드를 한 번에 구매하는 효과도 가져오고 있다.

트렌드 세터가 되기 위한 기본 조건은 무엇일까? 컨셉을 잘 제시하고 브랜드와 광고를 잘하는 것도 중요하다. 하지만 본질적으로 중요한 것은 품질이다.

품질 면에서 경쟁사에 '이기는 제품winning product'이라야 마케팅과 판매가 따라올 수 있다. 경쟁사 제품을 비교하는 고객만족도 조사에서 5.5 대 4.5로 근소한 차이로 진 제품이 있다고 치자. 차이가 거의 나지 않을 것 같지만, 이런 제품은 아무리 프로모션을 해도 시장에서 이기지 못한다.

이런 제품을 시장에 내놓는다는 것은 유한킴벌리의 철학에 맞지 않는다. 경쟁사보다 더 뛰어난 제품, 고객이 행복해하는 제품을 만들기 위해서는 수많은 테스트를 거쳐야 한다. 이런 테스트를 거친 뒤 이기는 제품만을 시장에 내놓는다. 그러다보니 준비단계에서 탈락되는 제품이 부지기수다. 이런 노력이 유한킴벌리를 트렌드 세터로 만드는 원동력이 된 것이다.

'하오치' 기저귀로
중국의 소황제를
겨냥하다

품질과 기술로 상위 1퍼센트를 만족시킨 프리미엄 전략

점차 저출산문제가 사회적으로 큰 이슈가 되고 있다. 저출산은 국가경제에 큰 영향을 미칠 뿐만 아니라 기업경영에도 위협 요소로 다가온다. 인구수가 줄어들면 내수시장도 따라 줄어들기 때문이다. 1970년대 연간 100만 명을 넘어서던 신생아 수는 외환위기 이후 급격히 떨어지기 시작했다. 2000년 연간 신생아수는 63만 명이었고, 현재는 40만 명 대에 그치고 있다.

기업은 이런 사회적인 변화에서 자유로울 수 없다. 유아용품을 생산하는 유한킴벌리에겐 발등에 떨어진 불이나 다름없었다. 회사의 매출 비중이 50퍼센트에 이르는 기저귀사업이 1차적으로 타격을 받고 있었기 때문이다.

이런 상황에서 유한킴벌리가 눈여겨본 나라는 중국이었다. 국내시장에서 프리미엄 제품을 만들어 매출을 늘리는 것도 방법이었지만, 수요를 높여나가기엔 한계가 있었다. 이때 유한킴벌리는 저출산으로 불거진 위기를 중국이라는 돌파구를 통해 극복하기로 했다. 국내시장 정체가 해외 고객을 사로잡을 수 있는 기회라고 여긴 것이다.

중국은 기회인 동시에 위기의 나라였다. 인구가 13억에 이르는 중국대륙에서는 한 해에 2,000만 명의 아기가 태어났다. 이들이 기저귀를 사용하려면 연간 360억 장이 필요했다. 유한킴벌리가 우리나라에서 연간 판매하는 기저귀는 1,800만 장이었다. 중국의 기저귀시장은 매년 15~20퍼센트의 성장세를 보이고 있었다. 1999년 7억 5,000만 장의 기저귀가 판매됐고, 2010년에는 14배 증가한 105억 장이 판매됐다. 중국 기저귀시장은 무한한 성장 가능성을 보여주고 있었다. 프리미엄 기저귀가 차지하는 비율도 점점 늘어나는 추세였다.

물론 위기요인도 있었다. 중국은 연평균 성장속도가 연간 10퍼센트에 이르지만 상하이, 베이징 등을 뺀 중소 지방도시는 국민 소득이 현저히 낮았다. 중국시장에서 중저가 기저귀는 40위안에 팔렸다. 반면 유한킴벌리가 중국시장에 한국에서 생산한 기저귀를 판매할 경우 70위안 정도로 예상됐다. 현지 시장가격보다 두 배 가까이 비쌌다.

중국시장에는 이미 다국적 기업들이 진출해 있었다. 유한킴벌리는 다른 기업보다 늦게 진출해 중국시장에서 고객 인지도가 현저히 낮았다. 마케팅에 큰 어려움을 겪을 수밖에 없었다.

게다가 중국시장에 진출한 킴벌리클라크는 자회사인 킴벌리클라크 차이나를 통해 고급제품을 내놓았으나 사업을 접고, 저가 제품만 판매하고 있었다. 저가 브랜드로 하기스가 포지셔닝되어 있는 상황에서 고급제품으로 들어갈 경우 리스크는 훨씬 커질 수밖에 없다.

가격경쟁력만으로 저가 시장에 진출할 경우, 킴벌리클라크 차이나의 전철을 밟을 수도 있었다. 중국에서 저가 기저귀 시장은 이미 레드오션이었다. 수많은 업체가 치열한 경쟁을 벌이고 있었던 것이다.

유한킴벌리는 중국시장조사에 착수했다. 중국의 주요 도시를 찾아가, 중국 고객의 니즈를 분석했다. 중국경제가 성장하면서 소득수준이 올라가자 프리미엄 기저귀 수요도 늘어가고 있다는 것을 확인했다.

국내에서 판매 중인 제품과 중국시장에 맞춘 제품을 비교해 어느 쪽이 중국 고객에게 좋은 반응을 보였는지도 살펴봤다. 사원들이 중국 문화를 익히고 중국어를 공부할 수 있도록 '차이나 스쿨'을 사내에 개설했다. 모든 사원이 중국에 산업연수를 다녀오기도 했다.

이런 과정을 거치면서, 유한킴벌리는 중국 고객과 기저귀 문화를 시나브로 알아나갔다. 중국시장은 국내시장과 유사한 점이 있었지만 차이점도 많았다.

한국 엄마들은 얇고 뭉치지 않는 아기 기저귀를 원하는 반면, 중국 엄마들은 흡수력이 강한 기저귀를 찾았다. 밖으로 새지 않도록 막아주는 이중 고무줄도 한국은 느슨한 제품을 선호했지만 중국은 탄탄하게 조여주는 방식을 좋아했다.

한편 중국 역시 우리나라와 닮은 점이 많았다. 중국에서도 한 집에 한 명 정도의 아기만을 낳는 추세였다. 우리나라에서는 엄마가 편한 것보다 아기가 편한 것을 좋아했다. 중국도 마찬가지였다. 아기에게 좋은 게 무조건 잘 팔렸다.

이런 이유로 중국 엄마들은 중국산 기저귀를 신뢰하지 않았다. 중국산 제품이 대부분 조악하고 투박했기 때문이다. 현지 고객이 원하는 제품을 생산하기 위한 준비작업이 4년이나 지속됐다.

당신의 특별한 자녀에게는 오직 하오치뿐

유한킴벌리는 2003년 중국에 처음 진출했다. 브랜드는 '하오치_{好奇}'였다. '뛰어나게 좋다'는 뜻이다. 키워드는 '프리미엄'이었다. 하오치는 하기스 고유의 품질을 기본으로 중국인의 문화와 기호를 찾아 철저히 현지화한 상품이었다.

아기 기저귀 품질을 상위 1~5등급으로 나눈다면 중국에선 1·2등

급만 판매했다. '당신의 특별한 자녀에게는 오직 하오치뿐'이라는 광고카피도 내보냈다. 한 자녀 갖기 정책 이후 외동아들로 태어난 '소황제'를 위해 모든 것을 헌신하는 중국 부모의 심리를 활용한 것이다.

유한킴벌리는 연평균 소득이 높은 상하이, 베이징, 광저우, 선정 등 4개 도시를 거점으로 잡았다. 상위 1퍼센트를 만족시키는 프리미엄 가격이지만 품질과 기술력으로 도전했다.

유한킴벌리의 중국시장 진출 전략은 선택과 집중이었다. 당시만 해도 대다수 기업이 중국시장에 갖고 있던 인식은 저가 제품만이 통한다는 것이었다. 이런 인식에 역발상을 하고 프리미엄 시장으로 진출한 것이 유한킴벌리의 전략이었다. 중국의 소황제 문화에 주목했고 세계 최고 제품을 찾는 중국 대도시의 최고급 고객을 찾아냈다.

하오치는 중국에서 판매되는 기저귀보다 20~30퍼센트 높은 가격으로 판매됐다. 처음에는 가격 정책에 대한 비판도 있었다. 중국의 경제력이 가격을 따라올 수 있을 것인가라는 우려에서였다. 하지만 가격을 낮게 책정하는 것보다 품질을 높이는 전략을 썼다.

유한킴벌리는 진출 초기 유아전문점, 이마트 등 고소득층이 많이 이용하는 전문점과 외국계 대형매장에서 프리미엄 제품을 알리며 유통채널을 확대하는 데 집중했다. 회사가 주목한 곳은 최고급 고객을 처음 만나는 병원이었다. 전문가인 의사를 활용해 적극적인 설득을 펼치며 공감대를 형성했다.

유한킴벌리는 직접 산모들을 만나 하기스 샘플을 나눠주며 인지도를 높여나갔다. 1년에 3~4차례 중국의 대형 산부인과, 소아과 의사와 간호사를 초빙해 대전공장을 견학시키며 제품의 신뢰도를 높여나갔다. 입소문이 나기 시작하면서 기저귀 판매는 늘어났다.

이러한 선택과 집중은 곧 성과로 나타나며 중국 대륙 전체로 확대되기 시작했다. 현재 중국에서 하기스 기저귀는 중저가의 일반형과 유한킴벌리가 공급하는 프리미엄급 기저귀가 함께 판매되고 있다. 일반형은 킴벌리클라크 차이나의 중국 공장에서 만든다. 프리미엄 기저귀는 유한킴벌리 대전공장에서 생산한다. 유한킴벌리 기저귀 제품 포장에는 '한국산Made in Korea'이라고 크게 표기돼 있다. 이것은 중국 중상층 이상 주부의 마음을 사로잡는 마케팅 포인트였다. 한국산임을 강조해 고객의 신뢰를 얻기 위한 것이었다.

국내에서 생산되지 않는 펄프를 제외하고 하오치에 들어가는 대부분의 원료는 한국산이다. 다른 수입 기저귀업체가 시장점유율을 높이기 위해 제품 하나를 사면 하나를 덤으로 주는 '원 플러스 원1+1' 행사를 하는 기간에도 하오치는 매출이 크게 줄지 않을 정도다.

하오치는 중국 프리미엄 기저귀시장에서 세계 유수 브랜드를 제치고 점유율 1위를 차지하고 있다. 중국 주요 도시의 프리미엄 기저귀시장에서 65퍼센트 안팎의 점유율로 9년 연속 1위를 달리고 있다. 시장점유율을 보면, 상하이에서 약 75퍼센트, 베이징에서 약 65퍼센트를 차지한다. 이제 유한킴벌리의 기저귀는 고급제품의 대명사가 됐다.

2011년 수출액 2,376억 원 가운데 중국 매출이 981억 원을 차지하고 있다. 2011년 중국에 수출한 기저귀는 929억 원어치로 회사의 연간 기저귀 수출액 1,644억 원의 56.5퍼센트에 이른다.

유한킴벌리가 국내에서 프리미엄 제품을 만든 것이 중국 진출에 많은 도움이 됐다. 회사의 기저귀 전략은 1990년대 초반까지만 해도 오래 쓰는 데 초점을 맞추었다. 그러나 그 이후에 전략을 전환했다. 아기 피부에 좋고 아기가 편안한 제품을 만드는 데 중점을 둔 것이다. 고객의 생각도 바뀌고 있었다. 이전에는 경제적인 제품이 중심이었지만 이제는 아기한테 좋은 제품을 더 선호하고 있었다.

유한킴벌리는 하오치라는 브랜드로 중국, 대만, 홍콩 등에도 수출하고 있다. 2013년에는 일본시장을 겨냥, 수출마케팅을 전담하는 인력을 배치하는 등 프리미엄 제품의 수출지역 확장에도 힘을 쏟고 있다.

창조적 파괴가
부를 만들어내는
원천이다

유한킴벌리는 트렌트 세터를 추구하는 기업이다. 창조적 발상으로 시장을 리드하는 것이다. 이처럼 시장을 리드하기 위해 필요한 것은 무엇일까? 오스트리아 출신의 경제학자 요제프 슘페터는 그에 대한 답으로 '창조적 파괴creative destruction'를 꼽았다.

슘페터는 경영학에서 가장 중요한 개념인 '혁신'을 가장 먼저 제시한 사람이다. 그는 창조적 파괴라는 혁신적 활동으로 기업이 성장하고 사회가 발전한다고 생각했다. 슘페터는 자본주의 사회에서 부의 원천이 기업가의 혁신적 활동에서 출발한다고 여겼다. 이전 학자들과는 매우 다른 혁신적인 답안이었다.

슘페터 이전의 경제학자들은 부의 원천이 희소성 있거나 가치 있는 자원이라고 생각했다. 그것은 비옥한 땅에서 나오는 곡물가격이 높기 때문에 더 많은 지대를 지불할 가치가 있다는 리카르도의 지대이론과 맞닿아 있었다. 때문에 기업이 경쟁력을 높이려면 자본과 기술, 특허, 저작권 같은 자원을 가져야 한다는 게 일반적인 생각이었다.

슘페터의 생각은 달랐다. 그는 불확실한 환경에서 위험 부담을 안고 창조적 파괴활동을 하는 것이 바로 부를 만들어내는 원천이라고 생각했다. 이 때문에 혁신활동으로 얻게 되는 지대를 '기업가 지대', 혹은 '슘페터 지대'라고 부른다. 그러나 당시엔 슘페터의 생각은 환영을 받지 못했다.

슘페터가 재조명을 받은 것은 1980년대에 들어서면서였다. 애플과 마이크로소프트, 구글처럼 처음에는 아무런 자원도 없었지만 독특한 아이디어 하나로 엄청난 부를 모은 기업들이 속속 나오면서부터였다. 아무리 많은 자원을 가진 기업이라도 혁신을 위해 노력하지 않으면 허망하게 무너져버렸다. 금융위기 후 미국 자동차 빅3가 그랬고, 미국의 주요 금융회사들이 그랬다. 리카르도의 지대이론으로는 도무지 설명할 수 없는 노릇이었다. 슘페터 이론만이 이런 현상에 바른 답을 제시했던 것이다.

슘페터가 말한 혁신이란 무엇일까? 슘페터는 1934년에 쓴《경제발전의 이론》이란 책에서 '혁신은 새로운 결합 new combination '이라고 설명했다. 새로운 결합을 혁신으로 제시한 것이다. 혁신은 세상에 없던 새로운 것을 만드는 게 아니다. 단지 자원의 결합방식을 바꾸거나 새롭게 결합해 가치를 높여주는 활동이 슘페터가 말한 혁신이다.

사람들은 혁신적인 기업으로 애플과 구글을 손꼽는다. 파산 직전까지 갔던 애플이 멋지게 부활에 성공할 수 있었던 요인은 바로 혁신이었다. 후발주자인 구글이 야후를 제치고 1위로 올라선 것 역시 바로 혁신 덕분이었다.

하지만 두 회사 모두 전에 없던 새로운 기술이나 새로운 서비스를 선보이진 않았다. 이미 나와 있는 기술과 디자인, 서비스를 재결합하는 데 강점을 갖고 있었을 뿐이다.

애플이 아이팟을 들고 시장포화 상태의 MP3플레이어 시장에 뛰어들었을 때, 구글이 제대로 돈을 벌지도 못할 것 같은 작은 검색창을 냈을 때, 월스트리트의 반응은 냉담했다. 그러나 두 회사는 새로운 결합을 통해 혁신을 일궈냈다. 아이팟은 기기시장과 디지털 음원 시장의 결합으로 돈을 벌었다. 구글은 검색에 광고, 출판, 위치, 메신저를 결합해 어마어마한 수익을 올렸다.

창조적 파괴는 기업이 갖고 있는 핵심역량이 환경변화에 제대로 대처하지 못할 경우, 가차 없이 버려야 한다는 것을 강조한다. 버려야 혁신을 이룰 수 있다는 말이다.

화이트
느낌이 달라요! 기술에 감성을 더하다

생리대 브랜드 화이트는 탁월한 흡수력과 착용감으로 대한민국 여심을 사로잡은 제품이다. 화이트에 날개를 단 건 바로 '깨끗함이 달라요'란 슬로건이다. 빠른 흡수력과 착용감 등 제품력을 어필하는 대신, 깨끗함과 위생을 강조한 슬로건 전략은 '화이트=깨끗함'이란 등식을 만들며, 그날 예민해지기 쉬운 여성들의 감성을 사로잡았다. 또한 인기 연예인이 아닌 일반 소비자, 특히 신세대 여성들을 모델로 등장하여 사용경험을 인터뷰 식으로 말하며 "깨끗함이 달라요"라는 주제를 소구하는 시리즈 광고를 제작해 신뢰도를 높여갔다.

열린 소통

상하를 허물고
수평으로 일한다

착하면서 강한 기업
유한킴벌리 이야기

수평적인
커뮤니케이션으로
협력하라

이름 뒤에 '님'자를 붙이고 지정좌석도 임원실도 없애다

2011년 1월부터 유한킴벌리의 모든 사원은 이름 뒤에 '님'을 붙여 부른다. 사장님도 '님', 대리도 '님'이 됐다. 30년 차인 사장에게 갓 입사한 신입사원이 "최규복님, 식사하셨어요?"라고 말한다.

처음 이 제도를 도입했을 때 신입사원들은 상당히 어색해했다. '님'이라는 얘기를 듣게 되는 간부사원들도 마찬가지였다. 하지만 차츰 모두가 익숙해져갔다. 하위직급 사원들이 '님'이라 부르는 것을 간부사원들은 기분 나빠하지 않았다.

유한킴벌리가 직급 호칭을 없앤 것은 수평적이고 활발한 소통의 기업문화를 확산시키기 위해서였다. 회사의 모든 사람들은 동등하다는 생각을 갖고 시작한 것이다. 회사에서 직급은 권위를 상징한다. 사장-전무-상무-부장-과장으로 이어지는 직급체계는 상명하복의 위계질서 구조다. 이런 직급체계는 자연스레 수직적 기업문화를 자리 잡게 만들어버린다.

유한킴벌리는 권위적인 위계질서를 상징하는 직급 호칭을 없애버림으로써 수평적이고 대등한 조직문화의 틀로 바꾸려고 했다. 쌍방향의 소통문화를 만들기 위해서다.

후배사원들도 반기고 있다. 그들은 호칭을 '님'으로 바꾼 후 회의 시간에 의견을 내놓는 일이 부쩍 늘어났다. 부서장이 직급이 아닌 이름을 불러주면 자신이 더 존중받고 있다는 느낌을 갖게 됐다고 한다. 직급에 가린 후배사원이 아니라 유한킴벌리를 대표하는 사원이 됐다는 느낌이 생기면서 업무효율성과 자신감이 더 향상됐다는 것이다. 서로 이름을 부르면서 구성원 간의 친밀감도 커지고 있다.

과거에는 수직적 기업문화가 강세였다. 회사에서 오래 일한 사람은 업무에 더 많은 정보를 갖고 있었다. 오랜 경험은 지혜로 통했다. 경험 많은 부서장의 의사결정이 무엇보다 중요한 시기였다. 더 많은 정보와 노하우를 갖고 있는 부서장의 지시에 따라 회사는 일사분란하게 움직일 수 있었다. 시대 변화가 빠르지 않았기 때문에 회사 조직의 안정감이 중요할 때였다.

　그러나 지금은 달라졌다. 이제는 몇몇 사람만이 정보를 갖고 있는 시대가 아니다. 신입사원이 10년, 20년 넘게 일한 간부보다 훨씬 더 업데이트된 정보를 가질 수도 있는 시대다. 경험도 중요하지만, 창의적인 발상의 전환도 소중한 때다. 직관의 힘이 더욱 커지는 시대다. 고객의 마음을 읽는 것은 정보를 많이 쥔 부서장만 잘할 수 있는 게 아니다. 초년병인 신입사원 역시 직관적인 인사이트를 발휘할 수 있다.

지정좌석도, 임원실도 없는 유한킴벌리 본사

　2011년 8월부터 강남구 대치동 유한킴벌리 본사 사무실은 새 단장을 했다. 일상적인 리모델링이 아니었다. 개인 고정좌석을 없애고 사원의 90퍼센트가 출근 뒤 자유롭게 좌석을 선택할 수 있는 '오픈좌석제'를 도입한 것이다. 그야말로 자기 책상이 따로 없는, 말 그대로 개방된 공간에서 아무 자리에서나 일하는 방식이다. 지정좌석을 없애고 업무 성격에 따라 아무 자리에나 앉아 일처리를 할 수 있도록 자유좌석제를 만든 것 역시 수평적인 문화를 만들어나가기 위해서였다.

　임원실도 없었다. 기존 20여 개의 임원실을 집무실 겸 회의실로 개방했다. 임원실 활용도를 조사한 결과, 근무시간의 60퍼센트가 비어 있어서 공간 활용도가 떨어진다는 판단 아래 용도를 바꾸기로 한 것이다. 개인 공간이 절반으로 줄어든 대신 휴식 및 회의, 토론 등 공용 공간은 배로 늘어났다.

이제 유한킴벌리 본사 건물에는 다른 회사처럼 줄 맞춰 늘어선 책상이 없다. 대신 탁 트인 넓은 공간에서 누구든 자유롭게 원하는 자리에 앉아 업무를 처리한다.

전 사원의 90퍼센트가 부서나 팀으로 구분되지 않고 자신이 일하기 가장 편한 자리에서 자유롭게 일하고 있다. 자유로운 분위기에서 근무하기를 원한다면 커피전문점처럼 꾸며진 사원 라운지에서, 오픈된 공간에서 업무효율이 잘 오르지 않을 경우에는 별도로 마련된 집중업무 공간에서 일하면 된다.

임원과 사원이 탁 트인 테이블에 자유롭게 앉을 수 있게 되면서 수평적인 커뮤니케이션이 사내에 확산되고 있다. 사원들은 칸막이가 없는 책상 가운데 빈자리를 골라 앉아 주변의 선후배 동료와 인사를 나누면서 일한다. 자리 배치에 직급에 따른 차이가 없으니 평소 다가가기 어려운 직장상사들과 마주보고 근무하면서 자연스럽게 수평적인 조직문화를 형성하는 것이다.

이 제도를 처음 시작할 때만 해도 "자리가 없으니 안정감이 떨어진다", "한 팀인데 흩어져서 근무하면 효율성이 낮아진다"는 불만과 우려가 있었지만 지금은 달라졌다. 전에는 같은 팀 내에 있는 동료들만 잘 알았다면 지금은 다른 부서 사원 및 임원과도 안면이 트어서 업무 협조에도 도움이 되고 있다.

때때로 긴밀하게 대화하고 협력해야 할 동료 옆에 자리를 잡고 일할 수 있는 것도 좋았다. 다른 팀 동료와 함께 일하면서 의사소통이 활발해지고 협업 기회가 늘어나고 있다. 다른 팀의 당면 과제나 업무, 개개인에 대한 이해가 확대되면서 업무와 관련한 불필요한 오해가 줄어들고 여러 동료의 다양한 생각과 의견을 듣고 업무에 반영하게 된 것이다.

임원과 사원들이 똑같이 책상에 어울려 앉아 일하면서 수평적인 커뮤니케이션이 가능해졌다. 의사결정을 하는 임원이 바로 근처에 앉다보니 언제든 상의할 수 있는 분위기가 생겼고, 결재가 빨라지면서 의사결정 속도에 스피드가 붙은 것도 업무효율을 높이는 데 기여했다.

수직적인 문화에서는 의사결정을 자유롭게 할 수 없고, 일방적인 의사소통을 낳게 된다. 한두 사람이 말하고, 한두 사람이 지시하면 나머지는 그저 따라만 가는 구조다. 여러 이해관계가 얽혀 있는 상황에서 한두 사람이 회사의 사활이 걸린 의사결정을 하는 것은 그 자체로 위험한 발상이다. 책임자가 혼자 모든 것을 처리하려고 하면, 사원들의 자율성이 떨어져 조직의 실행력도 저하된다.

물론 수평적 기업문화가 장점만 있는 건 아니다. 수평적인 의사결정을 하기 위해서는 여러 의견을 모아나가야 한다. 때문에 시간이 많이 걸리고, 의견을 하나로 이끌어내는 것도 쉽지 않다. 이런 단점을 극복하기 위해서 필요한 건 무엇일까? 회사가 주요 사안에 대해 일방적으로 의사결정을 하지 않고, 전 사원을 참여시키는 것이다. 예컨대, 회사의 비전을 세우고 목표를 만드는 과정에서 사원이 참여하도록 하는 것이다. 사원이 참여하면 주인의식과 책임감을 느끼면서 강한 추진력을 발휘한다.

이렇게 되면 단점은 장점으로 바뀌게 된다. 회사의 비전과 목표를 세우는 데 직원 스스로 기여했다는 생각을 하게 되고, 자신이 세운 목표를 달성하기 위해 협력과 경쟁을 벌이는 것이다. 이른바 집단지성의 힘이다. 누구나 자유롭게 글을 쓰고 고칠 수 있는 사용자 참여의 온라인 백과사전인 '위키피디아Wikipedia'가 대표적인 사례다.

유한킴벌리의 한 임원은 수평적 조직문화의 장점을 자신의 경험을 예로 들어 말했다. 그는 몇 해 전 회사의 공장장을 맡았다. 그 이전에는 보통 공장에서 잔뼈가 굵은 사람이 공장장을 맡아왔다.

공장이라는 조직은 군대와 비슷하다. 위계 중심으로 돌아가는 조직이다. 신입사원들은 공장에서 새로운 기술을 관리자로부터 배워가면서 공장 일을 디테일한 부분까지 알아간다. 공장에서 필요한 업무의 100퍼센트를 아는 사람이 공장장을 맡는 게 관례였다.

하지만 그 임원은 본사에서 오랫동안 근무해온 사람이었다. 전임

공장장처럼 공장 일 하나하나를 꿰뚫지는 못했다. 하지만 단점으로 여겨졌던 이런 모습은 오히려 장점이 됐다. 일단 공장의 업무를 잘 모르니, 사원에게 상당 부분 권한을 위임했다.

의사결정을 할 때는 관리자의 의견을 충분히 듣고, 회의를 통해 의견을 하나로 모아가는 프로세스를 만들어나간 것이다. 사원들은 더 큰 책임감을 느끼고 더 큰 성과를 내는 데 기여했다. 권한을 위임받은 사원은 더 많은 개선 아이디어를 내놓았다. 수평적인 기업문화에서 창의적인 에너지가 나오는 것을 증명한 것이다.

암묵지暗默知의
소통이
혁신을 가져온다

사원 스스로 혁신을 추구하는 평생학습의 효과

과거 우리나라 기업들은 사원교육에 그다지 신경 쓰지 않았다. 사원들은 회사에 다니면서 학사나 석사 학위를 딸 때 상사와 동료의 눈치를 봐야만 했다. 회사 일에 몰두하지 않고, 개인 공부를 하느라 업무를 소홀히 하는 게 아니냐는 눈총 때문이었다. 요즘은 많이 달라졌다. 새로이 학위를 따는 사원은 오히려 바쁜 시간에 짬을 내 자기계발에 신경 쓰는 사람으로 인정받고 있다.

요즘엔 기업들도 사원교육에 상당한 투자를 한다. 하지만 교육에 대한 패러다임은 여전히 구닥다리다. 상당수 기업에선 업무와 교육을 철저하게 분리한다. '업무 따로, 교육 따로'라는 식으로 받아들인다.

그러다보니 기업의 사원교육은 형식적으로 치우친다. 다른 회사들이 하니까 따라하는 식이다. 교육을 받는 사원들 역시 업무에 바쁜데 쓸데없는 교육을 받게 한다고 여기거나, 업무에서 벗어나 쉬는 시간쯤으로 간주한다.

유한킴벌리의 교육은 다르다. 이른바 회사의 '평생학습'은 교육이 업무로 이어진다. 교육이 생산성 향상과 협업의 시너지를 가져오는 것이다. 어떻게 이런 일이 가능할까?

일단 회사는 교육 따로, 업무 따로라는 패러다임에서 벗어났다. 평생학습을 도입하면서 교육시간을 근무시간으로 인정해주었다. 교육이 근무의 일부가 되면서 업무에 쫓기지 않고 교육을 받을 수 있게 된 것이다. 더 이상 바쁜 업무시간을 쪼개 동료와 상사의 눈치를 보며 어쩔 수 없이 교육을 받지 않아도 됐다.

남이 하라고 해서 어쩔 수 없이 하는 공부는 하기 싫은 게 모든 사람의 심리다. 이런 점에서 유한킴벌리의 평생학습은 돋보인다. 평생학습 프로그램은 회사가 일방적으로 만들지 않는다. 쌍방향으로 진행된다. 학습 프로그램은 인사 담당자, 생산직, 관리직, 노동조합 등이 모여 퍼즐을 짜맞추듯 머리를 맞대고 의견을 모아 결정된다.

회사는 단순한 기준만 정한다. 회사에 유익하고, 사원에게 유익하고, 법과 윤리적으로 문제가 없으면 된다. 이 원칙에만 맞으면 어떤 학습 프로그램도 허용된다.

평생학습 프로그램은 매년 연말부터 준비를 시작한다. 1년 동안 진행해온 교육 프로그램을 평가하는 설문을 만들어 사원의 의견을 듣는다. 그 뒤 설문을 반영해 1년간의 교육 프로그램을 다시 짠다. 교육 프로그램이 완성되면, 회사는 연간 계획서를 인트라넷에 올려 공지한다. 사원들은 자신이 듣고 싶은 교육을 신청하면 된다.

대전공장의 평생학습 프로그램 중에는 미술과 음악감상이 있다. 이 프로그램 시간에 사원들이 단체로 대전시립미술관을 찾기도 한다. 그러면 회사에서는 미술관 방문에 맞춰 학예사에게 미술작품을 설명해 달라고 요청한다. 사원들은 미술감상을 하고 난 뒤, 잔디밭에서 차 한 잔 마시며 감상에 대해 이야기하기도 한다. 한 사원은 주말에 아내와 아이들을 데리고 다시 그 미술관을 찾았다고 한다. 자신이 학예사에게 들었던 미술 지식을 가족에게 전해주고 싶었기 때문이다. 그가 미술작품에 대해 줄줄이 이야기하자, 아내와 아이들이 남편과 아빠를 새롭게 보게 됐다고 한다.

음악감상 프로그램은 사원과 그 가족을 대상으로 한 다채로운 음악회도 포함하고 있다. 유한킴벌리는 대전시립교향악단과 협약을 맺어 음악회를 지원해주고 있다.

사원들 스스로 독서모임을 만들기도 한다. 읽는 책이 한두 권 늘어나면서 공장 전체적으로 책 읽는 문화도 확산되고 있다.

평생학습은 계층과 부서의 벽도 허물고 있다. 각종 모임에 사원,

대리, 과장, 부장, 임원이 참여하면서 직위가 다른 사람과도 관계의 폭을 넓혀나가고 있다. 부서 역시 마찬가지다. 생산직 사원과 사무직 사원 등 서로 다른 부서 사람들이 각종 모임에서 얼굴을 알아가면서 조직 간의 벽을 낮추고 있다.

평생학습은 교육시간을 채우는 것으로 끝나지 않는다. 같은 프로그램을 듣는 사원들이 학습모임을 만들기도 한다. 예를 들어 마케팅 강좌를 듣는 사람들은 마케팅 모임을 만들어 매주 목요일 오후 4~6시에 마케팅 케이스 스터디를 한다.

당당히 교육을 받고, 그 교육이 스터디 모임으로 이어지면서 사원들은 지식 근로자가 되고 있다. 교육을 통해 최신의 경영 흐름과 비즈니스 트렌드를 알게 되고, 새롭게 시야를 넓혀나가는 것이다. 이것은 업무에 활용되어 생산성과 창의력을 높이고 있다.

평생학습을 통해
암묵지를 찾아내다

평생학습은 생산성을 높이는 결정적인 구실을 하고 있다. 예를 들어 한 사원이 프레젠테이션을 해야 하는데, 엑셀이나 파워포인트를 잘 모른다고 하자. 그 사원은 프레젠테이션 준비를 위해 엑셀이나 파워포인트를 배워야 한다. 그러다보면 정작 프레젠테이션을 준비할 시간이 부족하다. 하지만 평생학습으로 엑셀이나 파워포인트가 익숙해진 사원은 프레젠테이션 내용에 보다 집중할 수 있고, 준비하는 시간도 줄일 수 있다. 준비 시간이 단축되면 빨리 퇴근할 수 있다. 자연스럽게 가족친화적인 회사를 만들어나가는 것이다.

회사에서는 종종 컴퓨터 시스템을 업그레이드한다. 그럴 때마다 사원들은 사용법에 익숙하지 못할 때가 있다. 이런 경우에도 마찬가지다. 평생학습으로 컴퓨터 시스템을 익히면 업무에 보다 집중할 수 있어 그만큼 업무효율성도 높아진다.

여기까지는 일반 회사에서도 볼 수 있는 풍경일 수 있다. 하지만 유한킴벌리는 여기서 한 발 더 나아간다. 평생학습을 통해 '암묵지暗默知, implicit knowledge'를 찾아내는 것이다. 암묵지는 경험으로 몸에 쌓인 지식을 말한다. 즉, 문서나 서류로 잘 표현하지 못하는 숙련된 사람만이 알 수 있는 그 무엇이다. 예컨대, '손맛'이나 '솜씨'를 구체적으로 명문화하기는 어렵다. 독일과 일본에 자기 분야에서 흔들리지 않는 세계적인 경쟁력을 갖춘 기업들이 많은 이유도 이런 암묵지가 체질화되어 있기 때문이다.

옛날에는 자신만의 기술을 다른 사람에게 알려주지 않는 풍토가 강했다. 다른 사람이 그걸 알면 자신의 경쟁력이 떨어진다는 생각에서다.

지금은 달라졌다. 평생학습 프로그램이 활성화되면서 내가 알고 있는 노하우를 서로서로 공유하자는 분위기가 확산되고 있다. 평생학습은 생산공장 현장에서 사원 개개인이 갖고 있는 경험과 노하우를 서로 공유하도록 이끌고 있다.

생산공장의 교육 프로그램 중에는 기계관리 등도 포함돼 있다. 주로 경험과 기술을 많이 갖고 있는 생산직 사원이 동료와 선후배 사원을 상대로 자신의 기술과 노하우를 강의한다. 사원들은 교육을 받으면서 현장에서 안전을 위해 어떻게 하는 게 좋은지, 제품개선을 위해 무엇이 필요한지를 놓고 의견을 교환하며 아이디어를 내놓는다.

이렇게 서로의 의견을 교환하면서 품질과 생산성을 높인다.

품질과 생산성은 어떻게 높이는 것일까? 예컨대 과거에는 낮에 근무하는 사원은 공장 기계의 게이지 압력을 높게 해놓고 일한 반면, 야간에 근무하는 사원들은 게이지 압력을 낮게 해놓고 일하는 경우가 있었다. 이렇게 되면 기계의 생산성은 떨어질 수밖에 없다. 오전과 오후의 기계 상황이 다른 환경에서 생산성이 높아질 리 없는 것이다.

사원들은 평생교육을 통해 이런 문제를 찾아내고 기계를 작동하는 최적의 방법을 찾아나간다. 게이지 압력을 어느 수준에 맞춰야 최적의 효율을 올릴 수 있는지 토론하고 실험도 하면서 최적의 상태를 알아가는 것이다. 기계가 최고의 생산성을 올리는 게이지 압력 범위를 찾으면 수치를 기계에 부착해놓는다. 사원들은 안정적인 상태에서 기계를 운영할 수 있게 되고, 기계 역시 최적의 상태에서 생산하게 돼 생산성이 높아진다. 적절한 세팅 작업을 위한 토론과 실험이 생산성 향상으로 이어지는 것이다.

각 공장에서는 종종 기계를 업그레이드한다. 예선에는 업그레이드 하는 데 시간이 많이 걸렸다. 지금은 사원들이 서로 토론하면서 최적 의 업그레이드 방식을 찾아나간다. 업그레이드하는 시간이 줄어들면 생산성은 당연히 올라간다. 평생학습으로 거둬들인 수확인 셈이다.

이처럼 평생학습이 체계화되면서 제안 건수도 늘어나고 혁신 활동 도 확산되어 제품 불량률은 떨어지고 있다. 평생학습으로 서로가 갖 고 있는 지식을 나누면서 업무를 개선해나가는 것이다.

평생학습을 통한 생산성 향상은 가히 놀라울 정도다. 과거 유한킴 벌리 공장에서는 시간당 1만 5,000개의 기저귀를 생산했으나, 평생학 습이 본격화된 뒤로는 같은 기계에서 시간당 5만 3,000개 이상을 만 들어내고 있다.

평생학습을 통해 생산직 사원들이 기계의 매뉴얼을 업데이트할 정 도의 업무 성과를 보이고 있다. 현장에서 가장 최적의 매뉴얼을 만들 어 주기적으로 업그레이드시키는 것이다.

과거에는 "매뉴얼은 매뉴얼이고, 오퍼레이션(기계작동)은 오퍼레이 션이다"라는 분위기가 있었다. 지금은 "내가 만든 매뉴얼이 살아 있 는 매뉴얼"이라고 여기고 있다.

사원들 머릿속에 있던 암묵지가 평생학습으로 매뉴얼로 나타나는 것이다. 암묵지를 형식지形式知, explicit knowledge로 만들어가는 과정이라고 할 수 있다. 형식지는 문서나 매뉴얼처럼 여러 사람이 공유하는 지식이다. 과학 원리, 수학 공식, 논리적 문장들과 같이 형식을 갖추어 표현되고 전파와 공유가 가능하다.

영어학원에 가지 않고 영어강사를 회사에 두다

지식근로자가 생산직 사원만이 되는 것일까? 아니다. 사무직 사원 역시 지식근로자가 돼야 한다. 기업이 경쟁력을 확보하기 위해서는 그래야 한다.

물론 생산직은 같은 일을 하는 사람들이 모여 일하기 때문에 공동의 목표를 이끌어내기 쉽다. 공장 기계의 효율성을 높여 생산성을 끌어올리는 것이 가장 큰 공동의 목표가 될 수 있다. 반면 사무직은 인사, 재무, 총무, 마케팅, 영업, 기획 등 서로 다른 영역에서 업무를 한다. 사무직은 업무의 공통분모를 도출하기가 쉽지 않다. 하지만 서로 다른 분야에서 일하는 사원들이라도 조금만 생각하면 공통의 분모를 이끌어낼 수 있다.

본사에 네이티브 스피커를 상주하도록 한 것이 하나의 예다. 이런 조치는 사무직 직원들이 공통 업무인 영어 스킬을 향상시키기 위해 도입한 것이다. 영어 스킬이 향상되면 업무 성과도 따라 올라간다. 글로벌기업이 되려면 커뮤니케이션 능력이 무엇보다 중요하다. 사원들은 영어를 잘할 수 있는 방법을 놓고 의견을 모았고, 이러한 의견을 바탕으로 프로그램을 만들어나갔다.

이전에는 사원들이 개별적으로 학원에 등록해 공부를 하면 회사가 학원비를 지원해주는 방식으로 진행됐다. 이런 식의 프로그램은 영어를 업무에 활용하는 데 한계가 있었고, 비용은 비용대로 들어갔다. 그런 외국어 교육지원 프로그램이 도마에 올랐다.

외국어 교육과 관련하여 사원들이 낸 혁신적인 아이디어는 영어를 학원에서 학습하는 게 아니라, 회사에서 해보자는 것이었다. 영어를 쓰는 네이티브 스피커를 아예 회사 안에 상주시키자는 아이디어가 나왔다.

회사에서는 사원들의 아이디어를 받아들였다. 현재 네이티브 스피커는 아침 7시부터 오후 5시까지 유한킴벌리 본사와 모든 공장에 상주하고 있다. 업무가 시작되기 전 아침시간에는 사원들이 네이티브 스피커와 1 대 1로 프리토킹을 할 수 있다. 자신이 일하고 있는 분야에서 자주 쓰이는 실용영어를 익히는 것이다.

사원들은 업무시간에 네이티브 스피커의 지원을 받고 있다. 외국

바이어에게 이메일을 보내거나 받았을 때 민감한 내용을 네이티브 스피커에게 한 번 더 확인하는 것이다. 외국기업과 텔레컨퍼런스(원격 회의)를 할 때도 네이티브 스피커를 옵서버로 참가시켜 오해가 생길 수 있는 내용을 확인하고 있다.

사무직 사원들은 불필요한 업무를 줄이는 프로세스 개선 성과도 내고 있다. 사원들은 출장을 갔다 오거나 교육을 받은 뒤, 출장비를 정산해야 했다. 과거에는 두 번씩 결재를 받아야 했다. 결재안을 만들어 간부에게 승인을 받고, 사내 전산망에서 다시 결재를 받는 식이었다. 사무직 사원들은 이런 두 번의 결재 절차를 줄일 수 없을지 고민했고, 현재는 인트라넷에서 한 번만 결재를 받는 시스템을 도입하고 있다.

이처럼 교육에 대한 투자는, 지식근로자를 만들어내고 지식근로자들은 업무에서 다양한 창의성을 발휘한다. 이러한 창의성은 회사를 변화시키는 원동력이 되고 있다.

사원 스스로
혁신을 추구하는 비결

유한킴벌리의 평생학습 제도는 국내기업들에게 소중한 교훈을 주고 있다. 회사가 사원들에게 더욱 많은 교육 기회를 제공함으로써 사원 스스로 새롭게 변화하려는 동기를 부여해줘야 한다는 것이다. 사원이 자기계발을 통해 변화하겠다는 동기부여를 해주는 데 평생학습은 좋은 기회가 되고 있다.

한때 국내의 많은 기업들은 도요타 방식을 구축했다. 높은 성과와 작업장 혁신을 이루기 위해서였다. 하지만 대부분 실패로 끝났다. 단순히 외부 시스템을 갖고 왔기 때문이다.

회사가 좋은 시스템을 만드는 것은 좋은 일이지만, 시스템 그 자체만을 갖고는 혁신으로 나아가지 못한다. 사원들이 효과적으로 활용하는 시스템을 사원들 스스로 만들어나가는 게 훨씬 더 중요하다. 사원 개개인이 자신의 몸으로 체화해야 시스템이 진가를 보이기 때문이다.

어떻게 해야 사원들이 업무 관련 시스템을 체화하게 될까? 회사가 사원의 자율성을 존중하고, 사원이 참여하는 방식으로 시스템을 변화시켜야 한다. 유한킴벌리는 다른 회사의 제도를 갖고 오더라도 '유한킴벌리화'해버린다. 그리하여 사원들은 스스로 문제점을 찾고 개선해낸다.

회사가 강제로 지시하고 강요하는 게 아니라, 사원 스스로 창의적인 프로세스를 만들어나가는 것이다. 그것은 평생학습 프로그램을 통해 습득한 결과다. 평생학습은 혁신으로 이어진다. 현재의 자리에 안주하지 않고 뭔가 변화하려 하기 때문이다. 현재보다 더 나은 것을 향해 개선하는 방향으로 나아가는 것이다.

평생학습을 통해 배운 이런 노하우는 영혼이 깃든 혁신, 사원 스스로 추진하는 혁신으로 이어지고 있다.

협의와 소통의 프로세스로 참여하게 하라

말단 사원에서 CEO까지 소통하는 협의의 리더십

최근 유한킴벌리 충주공장에서는 퇴직을 얼마 앞두지 않은 생산직 사원이 큰일을 해냈다. 회사에서 스마트워크의 일환으로 갤럭시탭을 전 사원에서 지급했는데, 이 사원이 갤럭시탭에 자재의 에러를 대폭 줄이는 프로그램을 만든 것이다.

생리대 제품을 만드는 데 들어가는 자재는 280여 가지로 각각 코드가 나뉘어져 있다. 사원들은 코드를 분류하는 데 불편함을 겪었다. 그런데 퇴직을 얼마 앞둔 사원이 갤럭시탭을 통해 각 코드를 항목별로 분류해 업무를 개선시킨 것이다.

이처럼 유한킴벌리 공장 사원들은 창의력을 발산한다. 그 이유는 무엇일까? 그것은 바로 참여적 리더십을 경험하고 우러나온 주인의식에서 비롯된 것이다.

생산현장에선 기계 설치단계에서부터 생산직 사원이 참여한다. 그들은 생산성을 높이기 위한 다양한 아이디어를 내놓는다. 기계의 문제점을 잘 알게 되고, 기계를 어떻게 설치해야 생산성이 높아지는지에 대해서도 전문가가 된다. 이렇다보니 유한킴벌리 공장에 들어오는 기계는 들어오기 전부터 회사의 생산시스템에 맞게 최적화돼 있는 것이다.

생산직 사원들은 기계에 관한 디테일에 강하다. 현장의 작은 디테일을 자주 개선하다보면, 그것이 모여 최종에는 프로세서 혁신으로 이어진다. 사실 생산성은 작은 부품 하나 넣고 빼는 데서 좌우된다. 기계에 문제가 생기면 생산직 사원은 직접 기계를 스톱시킨 뒤 문제점을 찾아 해결할 정도로 전문가 수준에 올라가 있다.

다른 나라에서는 그렇지 않다. 다른 나라의 생산직 사원들은 기계의 개선에 별 관심이 없다. 엔지니어들은 기계에 문제가 생겼을 때만 관여한다. 그들은 기계에서 물건을 생산하는 일은 생산직 사원의 몫이라고 생각한다. 생산직 사원 역시 기계를 돌려 제품만 생산할 뿐 기계의 성능과 조작에 전혀 관심을 기울이지 않는다.

기계가 고장이 날 경우 생산직 사원은 엔지니어에게 책임을 돌리고, 엔지니어는 생산직 사원이 부주의하게 기계를 운영해 문제가 발생했다고 책임을 미뤄버린다. 그러다보면 기계는 자주 고장을 일으키고 생산성도 높아지지 않는다.

대부분의 나라에서 엔지니어들은 기계를 도입하고 설치하는 단계까지만 관여한다. 기계를 설치한 뒤에는 손을 놓아버린다. 이 때문에 기계에 대한 업그레이드가 일어나지 않는다.

반면 유한킴벌리 공장의 생산직 사원은 기계에 끊임없는 개선작업을 벌여나간다. 생산직 사원 스스로 품질에 최종 책임을 진다는 생각으로 일을 하는 것이다.

대부분의 공장에서는 생산직은 생산만을 하고, 품질 관리와 기계 유지는 엔지니어가 하는 게 보통이다. 하지만 유한킴벌리의 생산직 사원은 생산뿐만 아니라 품질 관리와 기계 유지까지 맡아서 한다. 유한킴벌리 공장과 전 세계에 걸쳐 있는 킴벌리클라크 공장이 생산성 면에서 차이를 보이는 건 이런 이유 때문이다.

유한킴벌리에서는 생산직 사원이 기계를 업그레이드하는 경우가 흔하다. 새로운 기계를 도입할 때는 업그레이드한 것을 반영하다보니 다른 회사와 똑같은 기계라 하더라도 생산성에서 차이가 난다. 엔지니어가 기계를 도입할 때 중요한 부분을 설계에 반영하면, 생산직 사원은 작은 부분을 개선해나가는 방식이다. 이런 디테일에서의 차이는 효율성의 차이로 이어진다.

킴벌리클라크 관계자들이 유한킴벌리 공장을 벤치마킹하러 왔을 때, 이런 모습을 보고 깜짝 놀랐다고 한다. 자신들은 엔지니어와 생산직 사원이 별도로 움직이기 때문이었다.

생산직 사원과 엔지니어의 협업은 같은 기계를 사용하는 미국 킴벌리클라크보다 더 높은 생산성을 낳게 하는 원동력이 됐다. 유한킴벌리의 기계는 같은 기종의 킴벌리클라크 기계보다 20~30퍼센트 생산성이 높았다. 킴벌리클라크에서 조사한 생산성 그래프에선 유한킴벌리가 항상 가장 높은 결과를 나타냈다.

대전공장에선 1분당 600개의 지저귀를 만들어내는 기계를 도입한 적이 있다. 하지만 지금은 1분당 1,100개를 만들어낸다. 기계를 도입하면서 받은 매뉴얼을 뛰어넘는 생산성을 보이는 것이다. 생산직 사원과 엔지니어가 협업을 통해 디테일을 개선하면서 일궈낸 성과다.

끊임없는 아이디어는 존중과 신뢰에서 나온다

사실 업무를 할 때 어느 공장이건 매뉴얼이 다 마련돼 있다. 엔지니어는 어떤 일을 하고, 생산직 사원은 어떤 일을 하는지에 관한 것은 매뉴얼에 적혀 있다. 품질 기준 역시 매뉴얼에 적혀 있다. 매뉴얼만 따르면 평균치의 생산성을 낼 수 있다. 하지만 그 이상을 뛰어넘기 위해서는 개선을 위한 사원의 아이디어가 필요하다.

이런 개선의 아이디어는 어디에서 나오는 것일까? 인간 존중에서 나온다. 유한킴벌리는 생산직 사원들에게 자율적인 권한을 위임한다. 회사는 생산직 사원이 자신들이 돌리는 기계를 직접 개선할 수 있게 뒷받침해주고 있다. 예컨대 유한킴벌리 생산직 사원들은 함께 모여 제품개선 워크숍을 열고, 기계를 직접 업그레이드한다. 회사는 그들의 제안을 기꺼이 받아들인다. 다른 회사 같으면 어림없는 소리다. 비전문가가 전문가의 일에 관여한다는 잔소리를 듣기 십상이다. 하지만 유한킴벌리는 사원들이 스스로 아이디어를 내고 회사는 그것을 받아들이면서 창의적인 개선 방법을 찾고 있다.

공장에서 생산목표를 잡을 때도 유한킴벌리는 다르다. 대부분의 회사는 위에서 지시한 목표를 할당하는 식의 '탑다운top-down' 방식이다. 하지만 유한킴벌리는 간부와 평사원이 어우러져 워크숍을 연다. 매년 연말에 생산직 사원 전원은 1박2일 워크숍을 열고 잠정적인 생산량을 내놓는다. 회사는 사원의 의견을 충분히 반영해 생산목표를 정한다.

회사와 사원이 합의하는 프로세스를 거친 뒤 목표를 잡아나가는 것이다. 이렇게 사원 스스로 자유롭게 의견을 제시하고 변화를 이끄는 '바텀 업bottom-up' 방식으로 목표를 정하면 좋은 점이 있다. 생산목표를 달성하지 못했을 때 경영진과 사원이 서로 책임을 미루지 않는다는 것이다. 경영진이 일방적으로 전달한 목표가 아니기에 사원들은 목표를 이루지 못한 것에 책임감을 느낀다. 그러다보면 목표와의 갭을 줄이기 위해 사원 스스로 노력하는 것이다.

유한킴벌리에서는 최고경영자에서부터 현장의 사원들에 이르기까지 서로 의견을 교환하는 문화가 잘 갖춰져 있다. 이런 기업문화가 생산현장에서 끊임없는 아이디어를 만들어내는 것이다. 이처럼 회사와 사원이 원활한 소통을 하는 것은 회사가 사원을 존중하고, 사원은 회사를 신뢰하는 마음이 밑바탕에 깔려 있기 때문이다.

카리스마적 리더십에서 '소통'과 '협의'의 리더십으로

유한킴벌리는 상하관계를 허물고 수평적으로 일하는 회사다. 전 직원이 이름 뒤에 직책을 떼버리고 '님'자를 붙인다. 지정좌석도, 임원실도 없애고 수평적인 커뮤니케이션으로 협력한다. 말단 사원에서 CEO까지 소통의 프로세스에 참여하고 있다.

유한킴벌리처럼 많은 기업들이 전통적인 수직조직에서 점차 수평조직으로 변신하고 있다. 이런 변화를 위해서 가장 중요한 일을 하는 사람은 CEO다. 교장선생님의 월요조회처럼 자신이 하고 싶은 말만 일방적으로 쏟아내고 사라지는 CEO의 시대는 이제 지나갔다. 조직을 관리하고 구성원에게 일방적으로 지시를 내리던 CEO들이 변하고 있는 것이다. 리더십의 패러다임이 바뀌었기 때문이다.

1970~80년대 개발시대에는 사원들에게 도전의식을 심어주는

리더십이 필요했다. 현대건설 정주영 회장의 "이봐, 해봤어?"라는 말 한마디가 그 같은 리더십을 상징한다. 하지만 비전을 제시한 뒤 "나를 따르라"는 식의 리더십은 이제 먹혀들지 않는다. 사원과 주주와 고객의 니즈(욕구)가 다원화되고 있어 CEO의 의사결정 역시 복잡해졌기 때문이다.

과거 CEO는 지시하고 통제했으나, 지금의 CEO에게는 사원들이 마음을 열고 생각을 공유하게 하는 일이 더 중요해졌다. 소통을 통해 사원의 자발적인 참여를 이끌어내고, 그들의 창조성을 개발해야 무한경쟁에서 살아남을 수 있게 됐다.

이 때문에 CEO들은 경영현안과 사내 쟁점, 기업의 비전과 장래에 대해 끊임없이 '소통'하고 있다. 리더십 방식이 지시에서 소통으로 세련되게 변신하고 있는 것이다.

CEO의 소통은 이른바 '대리인 비용'을 줄이는 데도 한몫하고 있다. 주주가 대리인(CEO)에게 권한을 위임했다고 보면 CEO는 주주의 이익을 충실히 보호해야 함에도 실제로는 자신의 이익을 추구하는 경우가 종종 있다. CEO는 자신의 성과를 높이기 위해, 또는 계속 연임하기 위해 자신의 지위를 이용해 얻는 정보를 주주에게 알리지 않고, 자신에게 유리한 경영전략을 추진하기도 한다. 그러다 CEO의 잘못된 판단으로 경영에 차질이 생기면 주가가 떨어지고 주주들은 막대한 피해를 입게 된다. 주주들은 CEO의 이런 행동을 감시하기 위해 사외이사를 두거나 CEO에게 막대한 스톡옵션을 주는 등 비용을 들인다. CEO와 주주 간의 소통에 신뢰를 높임으로써 이런 대리인 비용을 줄이는 것이다.

하기스
유튜브를 활용한 옹알이 통역 캠페인

"즐겁고 혁신적인 방식으로 부모들과 관계 맺기에 성공하다". 이는 2012년 초 세계적 광고 매거진 Adage에서 하기스 옹알이 통역 캠페인을 'Creativity pick of the day'로 선정하며 평가한 내용이다.

하기스 옹알이 통역 캠페인은 엄마 아빠가 아기의 옹알이 영상을 유튜브를 통해 올리면 재미와 감동을 가미한 자막으로 재해석하여 제공했던 프로그램으로 자발적인 입소문으로 10만 건이 넘는 조회를 기록하며 신개념 관계 마케팅 사례로 학계와 언론에서 주목을 받았다.

아기와 부모의 이야기를 디지털과 결합시킴으로써 브랜드의 새로움 newness과 차별성을 어필함과 동시에 브랜드와 고객 간의 적극적인 교감을 통해 '즐거운 육아 = 하기스'란 이미지 확대에도 크게 기여한 것으로 평가받고 있다.

행복 중심

직원의 행복이
고객의 행복이다

착하면서 강한 기업
유한킴벌리 이야기

행복한 사원이
회사의 미래를
꿈꾸고 이룬다

일하고 싶은 회사를 만드는 첫 번째 원칙

일하기 좋은 회사는 어떤 곳일까? 사원들이 성취감과 자존감을 느끼는 곳이 일하기 좋은 회사다. 사원에게 권한이 주어지고, 스스로 노력하는 만큼 성과를 보일 수 있는 곳이 일하기 좋은 회사다.

미국의 심리학자 프레더릭 허즈버그Frederick Herzberg는 '위생요인이론hygiene factors theory'에서 임금이나 작업조건은 사원에게 만족감을 높여주지만 성과 향상으로 이어지지 않는다고 했다. 성과를 높이기 위해서는 직무내용과 자아개발 등 동기요인motivator이 있어야 한다는 것이다.

많은 사람들은 월급을 최고 수준으로 올려주면 일하기 좋은 회사가 된다고 생각한다. 하지만 그것은 착각이다. 월급을 많이 준다고 해서 사원들이 주인의식을 갖고 진취적인 기업가정신으로 업무에 임하는 것은 아니라는 얘기다.

　　월급을 아무리 많이 준다고 해도 사원이 스스로 하는 일에 만족을 느끼지 못하면 이직률이 높아진다. 그렇게 되면 회사의 지속가능성은 낮아질 수밖에 없다.

　　월급이 많다는 것은 필요조건이긴 하지만 충분조건은 아니다. 사원 스스로 회사에서 존중받고 있다고 느끼는 것이 월급보다 더 중요하다.

　　상사와 동료와의 관계에서 스스로 업무성취감을 느끼게 하는 회사가 일하기 좋은 회사다. 즉, 회사가 사원을 조직의 부속품으로 여기지 않고 개개인을 독립된 창의적인 인격체로 여기는 곳이다.

　　지속 가능성도 일하기 좋은 회사를 가늠하는 기준이 된다. 회사의 성장과 자신의 성장을 함께 꿈꿀 수 있고 미래를 그릴 수 있기 때문이다. 회사의 비전과 사원 자신의 미래를 함께 만들어나가야 한다는 것이다. 회사와 부서의 목표가 개인의 목표가 연관성을 맺으면서 일할 수 있게 하는 것이다. 이를 위해 회사는 사원들이 원하는 게 무엇인지를 잘 파악하고 있어야 한다.

　　회사의 전략과 목표를 세울 때도 소수의 사람만이 참여해서는 안 된다. 사원의 참여를 이끌어내 함께 전략과 목표를 세워야 한다.

CEO는 사원들의 목소리를 듣고, 그들의 다양한 아이디어를 어떻게 회사의 전략과 목표와 연계 발전시킬 수 있는지를 생각해야 한다. 현장의 목소리가 경영진에 전해지고 제도로 나타나면 사원들은 스스로 자존감을 느낀다.

일방통행이 아니라 쌍방통행이라야 회사는 발전한다. 유한킴벌리는 이런 노력을 기울이고 있다.

사원 존중이 만든 유한킴벌리의 3S

일하기 좋은 회사는 회사의 일이 내 일이라는 생각을 하게 만들어준다. '내 일이 아닌 회사 일'이라고 생각하며 일하는 것과, '회사 일이 바로 내 일'이라고 생각하며 일하는 것은 성과에서 큰 차이를 보인다.

이를 위해 회사는 사원 스스로 존재감을 느낄 수 있도록 만들어야 한다. 사원을 인정하고 기회도 줘야 한다. 그래야 사원은 개인적으로 만족감을 느끼고 최선을 다하게 된다. 회사가 사원들의 인격을 존중하면, 사원도 서로를 신뢰하고 배려한다.

일하기 좋은 회사에는 '쓰리 에스3S'가 있다고 한다.

첫 번째 에스는 '내가 다니는 회사를 자랑스럽게 말하는 것say'이다. 자신의 자녀와 친구에게 "내가 다니는 회사는 참 좋은 회사다"라고 말하는 사람이 많을수록 일하기 좋은 회사다.

대부분의 유한킴벌리 직원들은 친구와 후배에게 "우리 회사에 들어와"라고 말한다. 외부사람을 만나서도 회사에 대해 긍정적인 말을 한다. 이런 회사는 십중팔구 일하기 좋은 회사다.

두 번째 에스는 '계속 일하고 싶은 마음이 들도록 해주는 스테이 stay'다. 회사에 마음을 붙이고 일하기에 이직률이 낮을 수밖에 없다. 유한킴벌리 사원들은 이직을 하려는 마음이 별로 없다. 이직률은 연간 2퍼센트 안팎에 그친다. 대부분 정년퇴직자이거나 학업을 하기 위해 회사를 그만둔다.

마지막은 '사원이 업무에 전력을 다하는 것을 뜻하는 스트라이브 strive'다. 누가 보든 안 보든 스스로 자신의 업무에 최선을 다하는 모습을 볼 수 있다면 좋은 회사라고 할 수 있는 것이다.

물론 유한킴벌리에서도 내부 경쟁이 있다. 하지만 공동의 목표를 향한 협업이 강조되고 있으며, 협업을 잘한 부서가 회사에서 칭찬을 받는다. 회사가 사회에 책임과 공헌을 하는 게 아니라, 사원들 스스로 사회적 책임과 공헌에 무엇보다 신경을 쓴다. 이런 모습이 회사 곳곳에서 활발하게 엿보이고 있다.

인간존중은 유한킴벌리의 핵심가치다. 회사는 '사람이 가장 큰 자산'이라고 여긴다. CEO에서부터 임원, 팀장, 사원 모두가 회사의 가능성을 사람에게서 찾는다. 이런 슬로건이 구호로 그치는 게 아니라, 프로그램과 제도 등의 시스템으로 이어진다. 다른 회사와 구분되는 유한킴벌리만의 장점이다.

사원의 삶의 질이
높을수록
업무 몰입도도 높다

육아휴직 사용률을 90퍼센트로 끌어올린 가족친화 경영

유학파 실내디자이너인 A씨. 아이를 낳고 기르느라 오랫동안 일을 쉬었던 그녀는 올 하반기 그토록 소망하던 실내디자인 업체에 재취업했다. 오랜 경력 단절 탓에 취업 소식은 정말 기뻐해야 할 일이었지만 그 마음도 잠시였다.

초등학교 2학년인 외동딸을 두고 일을 해야 하는 탓에 그녀는 늘 불안했다. 하루가 멀다 하고 강력범죄 소식이 들려오면 혹시나 싶어 염려되고, 부부가 늦게 집에 들어오다보니 쌓여 있는 온갖 집안일도 여간 신경 쓰이는 게 아니었다.

일터에 나가는 엄마가 늘어나며 맞벌이부부의 아이 양육 문제는 가정의 문제를 넘어 사회적 관심사로 떠오른 지 오래다. 엄마의 고민은 영유아기의 아이와 초등학교에 다니는 아이로 나눠볼 수 있다. 유치원이나 어린이집 같은 보육시설에 다니는 어린 아이는 말 그대로 아침부터 저녁까지 맡길 수 있어서 맞벌이부부의 근심이 그나마 적은 편이다.

문제는 아이가 초등학교에 들어간 다음부터다. 방과 후부터 부모가 오는 시간까지 아이가 자칫 방치되기 쉽기 때문이다. 누군가가 집에서 아이의 학교숙제를 같이 봐주고, 학원에 제대로 갔다 오는지, 간식은 먹었는지 체크해주면 좋으련만 그렇게 해줄 사람이 없다.

결국, 상당수의 맞벌이부부의 선택은 이 학원, 저 학원 혹은 집에서 쉴 새 없이 받는 개인과외로 뺑뺑이를 돌리며 시간을 때우게 하는 것이다. 아이가 잘 적응해주면 고마운 일이지만 그렇지 않고 수업에 빠지며 방황하거나 나쁜 아이들과 어울릴까 봐, 행여나 못된 사람에게 안 좋은 일이라도 당할까 봐 부모는 노심초사하게 마련이다.

이런 부모의 근심걱정은 알게 모르게 업무의 효율성에 영향을 미친다. 자신은 신경을 최소한으로 쓴다 하지만 아이의 하교 이후부터 걸려오는 전화나 문자메시지(주로 아이가 걸거나 혹은 아이의 학원 선생님이 거는 것이 대부분이다)로 휴대폰은 계속 울린다. 휴대폰이 울릴 때마다 부모의 마음은 덜커덩한다. 아이가 울며 전화라도 하면 엄마의 마음은 갈가리 찢어진다. '내가 무슨 영화를 보자고, 무슨 떼돈을 벌겠다고 내 아이를 내팽개치고 여기에 앉아 있는가!' 하며 혼란에 휩싸인다.

아이를 가질 때부터, 낳고 키우는 모든 단계마다 직장인 부모들은 한순간도 마음 편할 날이 없다. "낳기만 해라, 나라에서 다 키워주겠다!"는 말은 언젠가부터 대통령 후보들의 단골 공약이 되었지만, 아직까지 근본적이면서 속 시원한 국가적 차원의 해결책이 나온 것은 없다.

아직은 제한적인 무상보육과 임산부에게 주는 고운맘 카드 정도가 현실적인 대안으로 제시되었을 뿐, 획기적이면서 무릎을 탁 칠 만한 정책 실현은 감감무소식이다.

이런 열악한 사회적 상황에서 유한킴벌리가 그간 보여준 가족친화 경영은 어찌 보면 나라가 풀어야 할 숙제를 민간기업이 먼저 모범적으로 보여준 사례이기에 더욱 더 의미가 깊다.

테스크포스팀을 만들어 가족친화제도를 만들다

고용노동부가 2011년 5인 이상 1,000개 회사를 대상으로 '일과 가정 양립 실태조사'를 벌인 적이 있다. 그 결과 40.8퍼센트의 기업만이 육아휴직 관련 제도가 있는 것으로 나타났다. 10곳 중 4곳에 불과한 셈이다.

육아휴직은 만 6세 이하 초등학교 취학 전까지의 자녀를 가진 근로자가 아이를 돌보기 위해 1년간 휴직하는 제도다. 하지만 육아휴직제를 갖추고 있어도 사실상 유명무실한 게 현실이다. 저출산문제를 풀기 위해 많은 정책이 나오고 있지만, 법적으로 보장된 제도도 제대로 활용 못하는 경우가 많은 셈이다.

유한킴벌리는 이런 분위기와 사뭇 다르다. 2006년 4.8퍼센트에 불과했던 여성 육아휴직 사용률이 해마다 상승하여 2011년에는 91.7퍼센트에 이르렀다. 우리나라 육아휴직 이용률이 평균 60퍼센트 선에 머물고 있는 점과 비교해보면 상당한 수준이다.

물론 유한킴벌리도 2000년대 중반에는 출산율, 여성 육아휴직 사용률 등이 국가 평균보다 밑돌았다. 2006년 육아휴직 사용 비율은 4.8퍼센트에 그쳤다. 당시에도 사내에 육아휴직제도가 있었지만 사용률이 매우 저조했던 것이다.

유한킴벌리는 테스크포스팀을 만들어 가족친화적인 제도를 만들어나갔다. 회사가 단독으로 제도를 만든 것이 아니라, 사원 스스로 원하는 것을 찾기 위한 것이었다. 물론 사원의 요구를 100퍼센트 충족시켜줄 수는 없었지만 가능한 한 사원들의 니즈를 충족시키는 제도를 만들기 위해 회사는 노력했다.

유한킴벌리는 법적으로 육아휴직제를 보장하는데 왜 이용률이 낮은지, 저조한 출산율을 높이려면 어떻게 해야 하는지를 놓고 해법을 찾아나섰다. 이때부터 회사는 기혼여사원 수, 육아휴직 사용률, 사원만족도 조사, 임산부 간담회를 통해 제도와 문화를 꾸준히 보완해 나갔다. 이후 조금씩 그 결실을 맺어가고 있다.

유한킴벌리에서는 임산부가 도덕적으로나 보건상으로 위험한 일터에 배치되는 것을 금지하고 있다. 이는 임신과 출산이 회사에 지장을 주는 개인의 사사로운 일이 아니라 누구에게나 축하받을 소중한 일이라는 의미에서다. 임산부의 마음을 기쁘게하기에 부족함이 없게 하기 위해서다.

임산부의 경우, 임신주기에 맞추어 태아검진을 규칙적으로 받아야 하는데 보통 회사에서는 이를 위해 따로 연차와 휴가를 내는 경우가 다반사다. 하지만 유한킴벌리는 월 1~2회의 태아검진시간을 따로 부여하고 있다. 누구의 눈치도 살피지 않고 당당히 검진하러 가게끔 해서 임산부와 태아 모두의 건강을 지켜주기 위해 만든 제도다.

유한킴벌리에서는 출산을 전후해서 휴가를 약 6개월 정도 받을 수 있고, 아버지 출산유급휴가(3일)는 물론, 심지어 유산이나 사산을 한 경우에도 상당히 긴 휴가를 갈 수 있다. 회사가 산모의 복지에 얼마나 많이 신경 쓰고 있는지를 짐작할 수 있다.

엄마가 원할 경우 육아휴직을 출산 후 최대 6년간 쓸 수 있다. 회사는 사내에 수유와 모성보호를 위한 '느티나무 그늘방'과 사내보육시설 '푸른숲 어린이집'을 만들어 출산과 육아를 배려하는 문화를 키워나갔다. 모성을 최대한 보장하려 애쓰는 것은 가정의 화목과 평화가 곧 일의 능률로 이어진다는 회사의 신념이 없으면 불가능한 조치였다.

유한킴벌리는 아이가 학교에 들어갈 무렵 가장 필요한 탄력근무제를 1990년대부터 시행하고 있다. 사무관리직의 경우, 오전 7시에서 10시 사이에 출근하면 되는데 아침에 가족과 함께 밥을 먹으며 비교적 넉넉한 시간을 보낼 수 있다. 보통의 다른 가정처럼 동동거릴 필요가 없다.

생산직의 경우에는 4일을 근무하고 나면 4일을 쉴 수가 있어 배우자와 육아나 가사 일을 함께 나눠 할 수 있는 여유가 생긴다. 영업직의 경우에는 아예 출퇴근 시간이 따로 정해지지 않아 아이를 돌보는데 더욱 더 탄력적으로 대응할 수 있다.

유한킴벌리에서 시행하는 가족친화제도에는 출산과 육아에 대한 지원, 유연근무제 외에도 근로자 개개인이나 가족을 위한 지원 제도도 있다. 가족이 병들거나 다쳤을 때 간병할 수 있는 3개월간의 간병휴가나 이를 위한 300만 원 한도 내의 의료비 지원, 공무원만큼이나 긴 정년퇴직시기(58세)와 퇴직 6개월 전부터 시행되는 은퇴종합컨설팅 등이다. 이는 회사가 사원과 그 가족의 생로병사를 함께한다는 기업정신을 그대로 보여주는 일례라고 할 수 있다.

이에 따라 사내 여직원들의 육아휴직 사용률은 2007년 20퍼센트에서 45.4퍼센트(2008년)→51.6퍼센트(2009년)→69퍼센트(2010년)로 매년 크게 증가했다.

일과 삶의 조화가
최우선이다

과거 회사원들은 가정보다 일을 더 중요시했다. 일에 파묻혀 살면서 가정을 소홀히했다. 하지만 시대가 변했다. 이제는 돈만 벌어온다고 가정에서 환영받지 못한다. 남편으로서, 아내로서, 아빠로서, 엄마로서의 역할이 보다 강조되고 있다. 회사원들도 과거처럼 일에 파묻혀 살기를 바라지 않는다.

회사도 일만 강조해서는 안 된다. 부장과의 회식보다 가족과 함께 보내는 시간을 더 소중하게 느끼는 사람들이 많다. 가정과 회사는 상호작용을 한다. 가정이 행복하면 회사에서의 업무효율도 높아지지만, 가정이 행복하지 못하면 회사에서의 업무효율도 떨어진다. 가정과 일 사이에 선순환 구조를 만들기 위해서는 사원들이 가정에서 행복감을 느낄 수 있도록 해야 한다.

많은 회사들이 사원의 복지를 위한 제도를 갖추고 있다. 하지만 사회적인 트렌드가 변하면서 더 다양하고 차별적인 제도가 필요해졌다. 사원의 니즈에 따른 가족친화 제도가 필요해진 것이다. 유한킴벌리의 가족친화 제도는 선도적이었다. 유한킴벌리의 제도가 사회에 전파되면서 다른 기업들도 따라오고 있다.

유한킴벌리의 가족친화 경영은 유연한 근무체제에서 출산육아지원, 가족지원, 근로자지원, 문화지원 등 다양한 제도를 갖고 있다. 생애주기별로 육아지원, 가족지원, 근로자지원, 가족친화 문화 조성을 위한 가족친화 프로그램이 대표적이다. 이 프로그램들을 통해 출산과 육아, 자녀교육 책임을 남성과 여성이 함께하도록 이끌고 있다.

2008년 12월에는 '가족친화우수기업인증'을 취득하기도 했다. 가족친화우수기업인증이란 여성가족부가 일과 삶의 조화가 잘 실행되도록 제도와 문화를 모범적으로 운영하는 우수기업에게 부여하는 인증이다. 유한킴벌리는 일과 가정생활의 조화를 통해 가족 출산친화적인 직장을 만들고 근로자의 삶의 질을 높이기 위해 노력하는 기업으로, 시행 첫 해에 인증을 받았다.

가족친화 경영을 출산과 육아를 지원하고 가족과 시간을 갖게 하기 위한 기업의 배려로 인식하는 경우가 흔하다. 하지만 이는 가족친화 경영의 한쪽 측면만 생각하는 것이다. 가족친화 경영은 미래의 경쟁력을 위해 업무관행을 혁신할 새로운 패러다임을 도입하는 것이다.

가족친화 경영은 사원복지 프로그램의 차원을 넘어, 혁신을 가능하게 하는 경영전략이다. 가족친화 경영은 개인에게 '일과 가정의 조화'가 가능함을 증명해주고 있다. 동시에 조직에는 높은 성과를 안겨주는 기회가 되고 있다.

2010년 유한킴벌리 사회책임경영보고서 이해관계자 조사결과를 보면, 사원의 96.3퍼센트가 "우리 회사에 근무하는 것에 만족한다"고 답했다. 사원의 96.5퍼센트는 "우리 회사가 장수기업이 될 것"이라고 전망했다. 사원의 91.1퍼센트가 "우리 회사는 일과 삶의 조화를 추구하도록 지원한다"고 말했다.

사회 분위기가 삶 중심, 일과 가정의 양립으로 변하면서 회사에서는 평생학습과 육아 및 가사참여, 사회봉사 등으로 사원들의 삶의 질을 높여가고 있다. 이런 변화는 스트레스 감소, 가족의 행복, 일에 대한 만족도 향상으로 나타나고 있다. 이처럼 가족친화 경영은 일과 삶의 균형을 가져오고, 이는 회사의 업무성과 향상에도 기여하고 있다.

회사에도 이직률 감소와 재해율 감소, 생산성 증가를 가져오고 있다. 생산성을 예로 들어보자. 2010년 유아용품 생산성은 1998년보다 108퍼센트 성장했다. 시간당 기저귀 생산량은 1998년 2만 5,400개였으나, 2010년에는 5만 3,000개로 큰 폭으로 증가했다. 동일 생산설비 중 글로벌 1위를 기록하며 2011년 수출 2,330억 달성을 견인했다. 어려운 경제 여건 속에서도 최근 5년간 유한킴벌리의 연평균 매출 성장은 11퍼센트에 이른다. 2011년 한국능률협회컨설팅KMAC 선정, 한국에서 가장 존경받는 기업 3위에 올랐고, 이직률은 2010년 평균 0.1퍼센트에 그쳤다.

또한 유한킴벌리의 사내 출산율은 1.84명이다. 유한킴벌리의 출산율은 복지수준이 높다는 유럽의 주요 국가(2009년 기준)인 핀란드(1.86), 덴마크(1.84), 벨기에(1.83)와 맞먹는 수준이다. 반면 우리나라의 출산율은 1983년 2.06명이었으나 2009년 1.149명으로 바닥을 쳤다. OECD 국가 중 최하위다. 사내 출산율과 국가적 출산율의 차이는 무엇을 뜻하는 것일까? 한국의 저출산, 고령화문제를 국가와 정부가 아닌 기업이 바로잡아나가고 있다는 것을 뜻한다.

임신·출산에 따른 경제적 부담과 일과 육아의 양립 문제, 여성인력에 대한 차별, 보육시설의 부족 등 많은 요인들이 저출산을 부추기고 있다. 이는 곧 저출산문제가 한 개인, 한 가정의 문제가 아니라 우리 사회 공통의 과제임을 보여준다. 유한킴벌리는 가족친화 경영을 통해 이런 문제를 풀어나가고 있다.

유한킴벌리 기업문화를 연구한 바 있는 세계적 HR 전문가인 빅토리아 마식 콜럼비아대 교수는 이 같은 유한킴벌리의 경영방식에 대해 "유한킴벌리의 가족친화 문화는 사원의 몸과 마음을 움직이고, 이웃과 사회를 위해 기여하고 있다"며 "인간을 존중하고 환경을 중시하는 기업철학이 유기적으로 결합해 회사가 성공할 수 있는 초석이 됐다"고 평가하기도 했다. 그녀는 기업문화와 조직학습 분야에서 세계적인 전문가로 평가받고 있다.

우리나라는 OECD 국가 중 가장 높은 노동시간과 그에 못 미치는 노동 효율, 턱없이 낮은 출산율로 악명 높다. 사원을 그저 연장과 도구로 바라보는 기업과 사회 풍토에서 생겨난 것이다.

사원은 마구 부려먹다가 버려도 되는 기계 부품이 아니다. 그들 모두가 존엄성을 지닌 한 가정의 부모이자 남편, 아내라는 인식을 하고 그들이 가정에서 겪는 속 깊은 고민을 들어줘야 한다. 그래야 사원 개개인의 삶의 질도 올라가고 업무 몰입도도 높아지기 때문이다.

스마트워크로
일과 삶의
균형을 찾는다
'공간'과 '시간'은 유연하게, 일의 효율은 높게

호우주의보가 내린 월요일 아침. 도로는 극심하게 정체되고 대중교통 이용자는 늘어 그야말로 전쟁 같은 출근길이다. 오늘도 콩나물시루에 몸을 실은 김 과장은 '조금 일찍 나올걸' 하고 생각하며 후회한다.

결혼 4년차인 이 대리는 얼마 전 예쁜 딸을 낳았다. 3개월의 출산휴가를 끝내고 회사에 복귀했지만 따로 아이를 돌봐줄 사람이 없어 매일 아침 어린이집에 아이를 맡기고 출근한다. 아침에는 그렇다 치지만 7시 전에 퇴근해야 아이를 데리고 올 수 있다. 주변 동료의 눈치를 보며 일찍 퇴근할 때마다 미안함이 마음에 걸린다.

외근이 잦은 정 차장은 매일 아침 본사로 출근해 얼굴도장을 찍고 고객을 만나기 위해 외근을 나간다. 고객사가 있는 곳과 그리 멀지 않지만 매일 아침 본사에 출근하는 관례를 무시할 수 없어 1시간이 넘는 시간을 의미없이 보내고 있다.

매일 아침 9시에서 6시 사이 열. 심. 히. 일을 하는 우리 직장인들의 평범한 일상이다.

그동안 우리는 일을 어떻게 하느냐보다 정해진 시간 안에 함께 일하는 업무 문화를 만들어왔다. 그러다보니 효율성과 성과보다 얼마나 오랫동안 회사에서 일하느냐로 업무를 평가받았다.

세상은 변했다. 관행과 오래된 사고방식보다 합리적이고 유연한 똑똑한 사고가 시대의 중심이 되고 있다. 또 우리는 터치 하나로 전 세계 정보를 한눈에 볼 수 있는 스마트한 시대에 살고 있다.

10년 전부터 유럽과 미국 회사들은 스마트워크를 도입하고 있다. 우리나라는 KT, 포스코 ICT 등 IT기업을 비롯해 유한킴벌리, 공기업 등에서 스마트워크를 경영에 도입하며 세간의 관심을 받고 있다. 특히 유한킴벌리는 단순히 스마트하게 일하고 효율적으로 일하는 데서 한 걸음 나아가 기업문화로의 혁신을 만들어내 더욱 주목받고 있다.

언제 어디서나 효율적으로 일하는 업무 방법인 스마트워크. 시간과 공간을 자유롭게 활용하고, 어디에서든 원하는 곳에서 효율적이고 몰입도 높은 업무환경을 만드는 게 바로 스마트워크다.

유한킴벌리는 스마트워크 환경 구현을 위해 다양한 사례를 벤치마 킹했다. 일본 유니레버, 포스코, KT, NHN 등의 사례를 분석하고 가 장 적합한 방식을 참조해 유한킴벌리만의 스마트워크 환경을 만들어 냈다. 회사는 2011년 하반기에 본사 사무환경을 스마트오피스로 만 들고 군포와 죽전에도 스마트워크센터를 열었다.

유한킴벌리만의 스마트워크의 첫 번째 특징은 공간의 유연성이다. 회사는 업무 스타일에 따라 자유롭게 좌석을 선택해서 앉는 변동좌 석제를 시행했다. 효율적인 변동좌석제 운영을 위해 매일 퇴근 시 개 인 짐을 사물함에 정리하는 클린데스크도 운영하고 있다. 공간의 유 연한 근무방식은 회사가 추구하는 활발한 상하 소통과 팀 간 협력을 이끌어내 역동적인 시너지가 창출되는 창의적 기업문화를 만들기 위 한 것이다.

두 번째 특징은 자율 출퇴근, 원격, 재택근무 등을 중심으로 한 유 연근무제도다. 근무시간과 장소를 개인의 상황에 맞게 유연하게 운영 하는 방식이다. 워킹맘이나 개인 사정이 있는 사원의 삶을 배려해 일 과 삶의 균형을 주기 위해서다. 외근 시 가까운 스마트워크센터를 이 용해 이동의 불편함을 덜고 효율성을 더했다.

유연근무제는 상하 간의 깊은 신뢰가 있어야 만들 수 있는 제도다. "유연근무제를 도입하면 업무 성과를 어떻게 측정하느냐"는 의문이 들 수 있다. 하지만 업무 목표를 명확히 하고 성과중심의 평가 방식을 통하면 어느 정도 성과를 측정할 수 있다. 구체적으로는 사내 인트라넷에서 업무 다이어리를 작성하고 해당 팀장의 승인 절차를 받아 진행된다.

스마트워크가 시행되면서 사원들은 출퇴근 길 꽉 막힌 도로에서 시간을 보낼 필요가 없어졌다. 기름값을 줄일 수 있게 됐고 탄소배출도 따라서 줄어들었다. 사회적으로 녹색성장에까지 기여하고 있는 것이다.

가족과의 여가생활이 늘어났고 자기계발을 위한 시간도 확보할 수 있게 됐다. 아이를 하나 더 낳을 수 있는 여력도 갖게 되면서 출산율도 증가하고 삶의 질도 높아졌다.

회사는 사원에게 태블릿PC 구입을 지원하고, 재택근무와 모바일근무가 가능한 업무환경과 전자결재시스템을 도입해 업무 편의를 돕고 있다. 사내에서는 유선전화 없이 어떤 자리에서도 편리하게 업무를 볼 수 있도록 유무선 통합시스템을 도입했다.

스마트워크를 통해 일하는 방법도 혁신하고 있다. 태블릿PC 활용도는 점차 높아졌고, 종이문서를 출력하는 비중도 급격하게 줄어들었다. 회의 역시 대면회의보다는 자연스럽게 비디오 콘퍼런싱으로 대체되고 있다.

이제 매일 아침 복잡한 출근길에서 힘들어 하던 김 과장은 유연근무제로 혼잡한 시간을 벗어나 아침마다 여유 있게 책을 읽으며 자신만의 시간을 갖고 출근한다. 이는 곧 업무적 성과로도 이어지고 있다.

워킹맘으로 직장생활이 힘들었던 이 대리는 일주일에 3일 재택근무로 업무를 하면서 보다 집중적이고 효율적으로 일하고 있다. 일과 삶의 균형을 찾을 수 있게 된 것이다.

외근이 잦은 정 차장은 매일 아침 집 근처 스마트워크센터에서 화상으로 상사와 간단하게 업무미팅을 하고 바로 현장으로 출근하며 시간을 절약할 수 있게 됐다. 보다 고객에게 집중할 수 있어 고객만족도가 올라가고 생산성도 따라 향상됐다.

직장인의 숙명과도 같았던 '9시에서 6시까지 사무실이라는 제한된 장소에서의 근무'라는 벽을 허물고 '융통성'이라는 제도를 더한 스마트워크. 더 이상 '출근'이 '일하는 것'과 동일시되지 않는다.

처음 스마트워크를 도입할 때 대부분의 사람들이 좋은 제도지만 우리 회사에는, 또는 우리나라 환경에는 어울리지 않는 그저 이상적인 제도일 뿐이라고 입을 모았다.

결과는 달랐다. 직장과 삶의 균형을 가져다준 스마트워크로 구성원의 생각이 바뀌고 만족도가 올라갔으며, 나아가 기업의 생산성이 향상되어 마침내 우리 직장을 변화시켰다.

여전히 해결해야 할 과제가 있고 시행착오를 겪고 있지만 한 가지 분명한 것은 그동안 익숙했던 편리함이 행복한 편리함이 아니었다는 깨달음이다.

"행복은 자신이 좋아하는 일을 하는 것이 아니라 자신이 하는 일을 좋아하는 것"이라는 말처럼, 새로운 시대의 새로운 일하는 방식인 스마트워크는 우리의 생각을 창의적으로 변화하게 만들고 있다. 이제 회사와 사원이 힘을 합쳐 스마트한 워크라는 새로운 생각과 함께 일과 삶이 모두 행복한 미래를 만들어나가고 있는 것이다.

일하고 싶은 회사는
왜 생산성이
높은가?

유한킴벌리는 매년 한국에서 가장 일하기 좋은 기업으로 선정되고 있다. 그 비결은 무엇일까? 바로 사원의 행복이 곧 고객의 행복이라는 믿음 때문이다. 그 믿음이 믿음 자체로 그치는 게 아니라, 실행으로 이어지기에 매년 좋은 회사로 선정되는 것이다.

현대카드는 유한킴벌리와 마찬가지로 자주 일하기 좋은 회사에 오르는 기업이다.

사원들의 동기부여를 위한 현대카드의 '글로벌 배낭여행 프로그램'은 톡톡 튄다. 일인당 최고 400만 원까지 배낭여행 비용을 지원해주는 이 프로그램에서는 매달 여행계획서를 공모해 그중 여행 취지가 분명하고 열정이 뛰어난 한 팀을 뽑는다.

심사위원들은 평소 관심 있던 분야를 심도 있게 체험할 수 있는 여행계획서에 후한 점수를 준다. 클래식 음악가들과의 만남, 유럽

자전거문화 체험, 실크로드 탐방, 미국 테마파크 기행 등 선정된 여행주제도 자유롭고 다양하다.

회사 생활을 하다보면 지금 하고 있는 일에서 벗어나 다른 일을 하고플 때가 있다. 새 부서에서 전문적인 경력을 쌓고 싶은 마음이 들기도 한다. 하지만 회사의 인사제도는 이를 쉽게 허락하지 않는다. 인력수급 문제, 또는 미묘하게 얽히고설킨 인간관계 때문에 좀처럼 소속 부서를 떠날 수 없다.

하지만 현대카드 사원은 언제든 소속팀을 옮길 수 있다. '커리어 마켓Career Market'이 있기 때문이다. 처음에 이 제도는 '위험한 실험'이라고 생각됐지만 지금은 '화려한 성공'으로 평가받고 있다. 2007년 현대카드는 팀장급 이하 전 사원을 대상으로 한 인력시장, 즉 커리어 마켓을 도입했다. 사원 개인이 사내 '채용시장'에 본인을 내놓는 시스템은 유례를 찾기 힘든 인사제도였다. 사원들에게 희망부서에서 원하는 일을 할 수 있는 자유를 준 것이다.

이 회사의 임직원은 넥타이를 매지 않아도 된다. 정장을 입되 넥타이는 매지 않는 새로운 형태의 사무복장을 하는 것이다. 회사에서는 3주 동안 전문 스타일리스트의 특별강의를 마련하고, 개개인에게 가장 잘 맞는 스타일 연출을 위해 1 대 1로 컨설팅을 받게했다.

신용카드 시장점유율 1.8퍼센트라는 초라한 성적으로 시작한현대카드는 이런 기업문화를 발판 삼아 5년 만에 시장점유율 13.2퍼센트를 차지하며 7배의 성장을 일궈냈다. 이런 노력 덕에 2008년에는 한국능률협회가 조사한 '가장 일하고 싶은 기업' 신용카드 부문 1위에 선정되기도 했다.

겨울철 회사 로비는 춥다. 문을 여닫는 사람들이 많기 때문이다. 안내데스크 여사원의 추위에 지친 모습도 보게 된다. CEO는그 모습을 보고 그냥 지나칠 수도 있다. 하지만 사원을 존중하는마음으로 바라본다면 뭔가 다른 방법을 찾게 된다. 고급 호텔로비앞이나 놀이공원 출입문에 설치된, 몸을 녹일 수 있는 스토브를떠올릴 수도 있을 것이다.

'일하기 좋은 100대 기업'에 드러나는 공통점이 있다. 사원은 상사와 경영진을 신뢰 trust 하고, 자기 일에 자부심 pride 을 갖고 있으며,

회사에서 즐거움fun을 느낀다는 것이다.

  그것은 회사가 사원을 존중하기 때문에 가능한 일이다. 일하기 좋은 기업은 그 자체로 끝나는 게 아니라 뛰어난 경영성과도 보이고 있다. 마치 스토브로 몸이 따뜻해진 호텔 도어맨이 고객에게 한결 친절해지는 것처럼.

"우리강산 푸르게 푸르게" 캠페인

기업 공익활동의 모범이 되다

유한킴벌리의 '우리강산 푸르게 푸르게' 캠페인은 기업이윤의 사회환원을 실천하는 목적으로 1984년부터 시작되었다. 실제 나무를 심고, 숲을 가꾸는 실행활동에 주안점을 둔 캠페인으로, 국민들의 관심을 촉발하기 위해 광고캠페인도 병행되었다. 최초 캠페인 광고는 크리넥스 티슈 매출액의 1퍼센트를 기금으로 조성하여 크리넥스 사용이 국토를 푸르게 하는 데 기여하므로 소비자가 직접 나무심기에 참여하는 것과 같다는 메시지를 담았다. 식목일을 위한 광고, 산불을 방지하기 위한 육림의 날 광고, 한 해의 나무심기 성과보고 등 계절과 사회적 이슈를 반영한 광고들이 제공되었다.

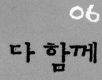

06
다 함께

함께 생각하고
함께 전진한다

착하면서 강한 기업
유한킴벌리 이야기

위기일수록
경쟁력은
사람에게서 나온다

단 한 명도 해고하지 않은 외환위기 극복 방식

다른 기업과 비교해볼 때 유한킴벌리는 외환위기를 쉽게 이겨냈다. 일단 외환위기 이전부터 회사는 혁신적으로 움직였다. 이유는 있었다. P&G가 국내시장에 진출하면서 시장점유율을 늘려나가자, 유한킴벌리는 글로벌기업과 맞서기 위해 대대적인 혁신 활동을 벌였던 것이다.

P&G가 국내에 진출하면서 유한킴벌리는 시련을 맞았지만, 글로벌기업과의 경쟁은 체력을 단련시켜 주었다. 외환위기 이전부터 유한킴벌리는 회사의 조직을 슬림화했다. 이는 외환위기를 남들보다 그나마 쉽게 넘길 수 있게 해준 기회가 됐다.

이와 함께 제품 포트폴리오를 다양화했고, 경쟁력을 강화하기 위해 품질을 높여나갔다. 인사 측면에서도 채용을 크게 늘리지 않았다. 몸이 아파야 건강에 신경을 쓰듯, 외환위기를 맞기 전 유한킴벌리는 위기를 겪으면서 체력을 단련하고 있었다.

그렇더라도 위기는 위기였다. 외환위기 당시 유한킴벌리 사내에서도 위기감이 있었다. 그 이전까지 회사가 강조한 메시지는 '사람이 가장 소중한 자원입니다', '사원이 가장 소중합니다'였다. 하지만 기업들 사이에서 구조조정의 열풍이 불고 있을 때였다.

유한킴벌리 사원들에게도 위기감이 몰아쳤다. 생리대와 기저귀 등 소비재 상품은 경기를 많이 타지 않는데도, 시장에서 물건이 안 팔렸다. 판매가 줄어들면서 기계가 돌아가지 않았다. 사원들은 회사의 말을 신뢰하고 있었지만, 위기의식은 여전히 남아 있었다.

이때 회사는 "사원을 해고하지 않고 끝까지 함께 간다"라는 메시지를 끊임없이 강조했다. 그런 메시지에 사원들은 힘을 얻었다.

무엇보다 위기를 헤쳐나갈 수 있었던 것은, 경영진과 사원들이 일치단결해 문제를 풀어나갔기 때문이다.

공장이 돌아가지 않을 때 생산직 사원들은 공장 건물에 페인트칠을 했다. 물론 그것을 하찮은 일이라고 생각할 수 있다. 하지만 좀 더 생각해보면 그렇지 않다. 미래를 다져나가겠다는 다짐의 의미가 들어 있기 때문이다. 기계가 멈춰선 뒤 일거리를 찾지 못했던 생산직 사원들은 판매 현장을 찾아가 판매 일을 거들어주었다. 유한킴벌리 대리점을 찾아 진열장을 정리해주기도 했다. 회사와 사원이 혼연일체가 돼 위기를 극복해나간 것이다.

사원들은 구조조정으로 사람을 잘라내는 대신 임금을 동결하는데 동의했다. 모든 사원이 일심동체가 돼 회사를 중심으로 똘똘 뭉쳐나간 것이다.

외환위기 때 유한킴벌리는 단 한 명의 인력도 해고하지 않았다. 오히려 평생학습을 더욱 강화했다. 위기 상황에서 교육에 대한 투자는 생산성을 끌어올렸다. 불량품이 많으면 고객 불만이 커지고, 원가부담도 낮게 된다. 하지만 평생학습을 통해 경영마인드를 키운 생산직 사원들은 불량품을 줄이는 게 경쟁력의 기초가 된다는 생각을 했다. 그들은 경영자 못지않은 애사심을 보여주었다. 주인의식을 갖고 있었고, 업무 몰입도 또한 임원들 못지않았다.

일부 기업들은 회사가 힘들 때만 사원들에게 손을 내민다. "회사가 어려우니 도와 달라"고 요청하는 것이다. 하지만 도와 달라는 요청만 할 뿐 사원들의 의견을 묻지 않는 경우가 많다. 위에서 결정한 일을 사원들에게 하라고 요구하는 것이다.

유한킴벌리는 달랐다. 회사가 손을 내밀 때도 있었다. 하지만 사원들의 의견을 충분히 반영해 결정했다. 예컨대 물건이 팔리지 않아 엄청나게 많은 원부자재가 남아 있다고 하자. 이 경우 어떻게 해야 할 것인가? 유한킴벌리에선 회사 경영진이 독단적으로 결정하지 않는다. 사원들 간의 커뮤니케이션을 통해 아이디어를 찾아나선다.

평생학습은 위기를 기회로 바꾸는 돌파구가 됐다. 사원들은 평생학습을 통해 왜 회사가 어려운지를 더 잘 이해하고 있었다. 위기를 어떻게 대처해나갈 것인지를 놓고 머리를 맞대고 문제를 풀어나갔다. 사원들은 스스로 기회가 있다고 믿고 함께 대안을 찾았다.

유한킴벌리 직원들은 위기에서 기회를 찾는 방법을 배우곤 했다. 현실을 직시하고 극복하기 위해 노력하는 사람에게는 분명 기회가 온다. 위기는 유한킴벌리를 더욱 강하게 만드는 자극제가 됐다.

위기 속에서 빛나는
사원 존중의 정신

유한킴벌리의 위기 돌파에는 경영진과 사원들의 화합적인 노사관계가 바탕이 되었다. 화합적인 노사관계는 위기를 돌파하는 엔진이 되고, 회사를 더욱 강하게 하는 에너지로 작용한다.

이처럼 경영진과 사원들이 신뢰를 할 수 있는 이유는 무엇일까? 사원 존중의 정신이 있기 때문이다.

예컨대, 어느 회사나 사규라는 게 있다. 출장비 정산에서부터 휴가, 인사, 교육 등 사원들의 모든 업무에 적용되는 게 사규다. 하지만 사원들은 회사 사규에 불만이 많다. 사규 자체의 문제라기보다는 사규를 애매하게 적용하는 회사의 정책 때문이다. 개인의 상황이 워낙 다양하기 때문에 사규를 어떻게 적용하느냐에 따라 불만이 쌓이는 것이다. 무를 자르듯 딱 자를 수 없는 게 사규의 적용이다.

유한킴벌리는 어떻게 할까? 회사는 사규를 적용하기 애매할 때 한 가지 원칙이 있다. 사규의 해석이 애매한 경우, 가급적이면 사원들에게 유리하게 해주는 게 그 원칙이다. 물론 사규상 안 될 때는 안 되는 것이지만, 애매한 경우에는 회사보다 사원에게 이익을 주는 방식으로 적용한다. 사소한 것이지만 회사가 사원을 어떻게 보고 있느냐를 보여주는 사례다. 회사의 이익보다 사원의 이익이 먼저라는 사원 존중의 정신을 보여주는 케이스인 것이다.

대부분의 경영자들은 회사를 경영할 때 비용을 가장 먼저 생각한다. 유한킴벌리가 운영하는 4조 2교대와 같은 제도에 관심이 있는 경영자들도 비용 때문에 한발 물러선다.

물론 유한킴벌리 공장의 인건비는 높다. 교육시간은 한 달에 20시간에 이른다. 또 교육시간을 오버타임(초과근무)으로 처리해준다. 이를 두고, 다른 회사들은 근무시간에 교육하는 것이 비효율적이라고 말한다. 교육시간을 오버타임으로 처리해주면 비용 면에서 부담스럽다고 한다.

하지만 유한킴벌리의 생각은 다르다. 그런 비용을 들여서라도 불량품을 1퍼센트 줄이는 게 더 효율적이라고 여긴다. 인건비는 제조원가의 10~20퍼센트 정도를 차지한다. 나머지 80퍼센트는 원부자재 비용이다. 원부자재에서 나오는 불량품을 조금만 더 낮춰도 인건비는 문제가 되지 않는다.

불량품을 줄이고 생산성을 높이는 일은 어디에서 시작될까? 사람과 사원이다. 때문에 사원을 위한 교육은 비용이 아니고 투자다. 사원이 바쁘고 정신없는 환경에서는 생산성이 올라가지 않는다. 교육은 비용이 아니다. 보다 더 큰 투자의 개념이다. 이런 생각의 전환은 회사가 잘되고 있을 때는 위기를 생각하게 하고, 실제 위기에 부딪쳤을 때는 기회를 생각하게 하는 혜안을 키우게 한다. 바로 유한킴벌리가 갖고 있는 경쟁력의 원천이다.

비전 경영으로
한계를
돌파한다

회사의 성장이 개인의 발전이다, 비전2000의 시작

유한킴벌리는 1971년 국내 최초로 일회용 생리대를 선보이고, 1982년에는 국내 최초의 일회용 기저귀를 출시하며, 존재하지 않던 시장을 만들어냈다.

회사는 혁신적인 제품을 내놓으며 시장 선도자의 지위를 놓치지 않았다. 1971년 설립 당시 3억 원에 불과했던 매출액은 1981년 227억 원에 이를 정도로 매년 급격하게 성장세를 기록했다. 한국경제의 성장과 맞물려 생활용품 수요가 늘면서 공급이 수요를 따라가지 못할 정도로 판매에서 상향곡선을 그렸다.

하지만 1980년대 들어 상황은 급변하기 시작했다. 일단 외부환경이 변화하기 시작했다. 당시 대기업이었던 쌍용그룹이 1979년 미국 스카티와 손잡고 미용화장지 시장에 도전한 것이다. 쌍용은 1984년 야심작 '소피아 미라젤'을 내놓으며 생리대시장에도 진출했다. 그러자 시장 판도에 급격한 변화가 일기 시작했다.

여기에 럭키그룹이 기저귀시장에 진출한 데 이어 생리대시장마저 넘보고 있었다. 태평양도 화장용 티슈시장에 뛰어들었고, 대한펄프도 생리대시장에 진출했다. 삼성그룹 계열사였던 제일제당도 생리대 사업에 나설 것이라는 소문이 나돌고 있었다. 1980년대 중반으로 넘어서면서 각종 지표는 유한킴벌리 제품의 뚜렷한 하향세를 나타내고 있었다.

내부적인 위기도 있었다. 고속성장에 따라 외형은 커지면서 회사 안의 문제가 점차 불거지기 시작했다. 오랜 기간 1등에 안주하면서 조직이 느슨해지고 부서 간 이기주의가 나타났으며, 경영진과 노조와의 갈등도 심화됐다. 경쟁업체들이 생겨나면서 스카우트 열풍도 불어 유능한 인재가 회사에서 줄줄이 빠져나갔다.

외형적인 성장은 이뤘지만, 회사는 사원들에게 새로운 비전을 제시하지 못하고 있었다. 회사의 비전과 전략적 목표는 찾아볼 수 없었고, 사원들 역시 꿈을 갖지 못한 채 일만 하고 있었다. 운전을 열심히 하고 있지만, 목적지 없이 운전을 하고 있는 것과 같았다.

회사에서는 전 사원이 공유할 비전을 만들고 새로운 성장 모멘텀을 찾기 위해 고민했다. 경영진에서 "회사의 새로운 비전을 짜보자"는 의견이 나왔다. 성장에 한계를 느끼고 있을 때, 그 한계를 돌파하기 위한 비전이 필요했다. 회사가 더 성장을 하고 장기적인 목표를 갖기 위해서는 우선 사원들이 어디로 가야할지 명확한 방향이 제시돼야 했다.

당시만 해도 우리나라에서는 비전이라는 개념 자체가 생소했다. 컨설팅회사라는 용어조차 없었다. 하지만 회사의 경영진은 IBM 등 글로벌기업을 방문해 비전에 대한 개념을 파악해나갔다.

이런 과정을 겪으면서 회사는 기업철학과 구체적인 재무목표를 담은 새로운 비전을 만들었다. 1987년 '회사의 성장을 통한 개인의 발전'이라는 비전을 담은 '비전2000'이 처음으로 제시됐다. 매출액을 1986년 700억 원에서 2000년 5,000억 원으로 높여나가겠다는 야심찬 계획도 세워졌다.

회사는 사원들이 꿈을 이루기 위해서는 우선 회사가 더욱 성장해야 한다는 전제조건을 내걸었다. 회사와 사원이 서로 성장할 수 있는 기회를 찾기 위해서는 현재 직면하고 있는 새로운 환경에 맞게 회사를 변혁해야만 했다. 사원 개개인의 역량을 키워 미래를 준비하는 기업이 돼야 한다는 게 비전2000의 핵심가치였다.

이를 달성하기 위한 방안으로 유한킴벌리가 만들어낼 외형적인 모습들도 제시됐다. 2000년 유한킴벌리의 위상, 조직의 위상, 매출성장, 시장점유율 등 구체적인 청사진도 나왔다.

처음에 사원들은 회사의 비전을 뜬구름 잡는 얘기라고 생각했다. 한때 인기를 끌었던 MBC의 주말 버라이어티 프로그램인 '쇼2000' 같다는 얘기가 나돌 정도였다. 사원들은 회사가 만든 비전이 피부에 와 닿지 않는다고 생각했고, 목표도 너무 크다고 여겼다. 이유는 있었다. 사원들이 직접 참여해 비전을 만든 게 아니라, 회사가 비전을 만들어 일방적으로 전달한 것이 문제였다.

그럼에도 회사의 비전은 사원들에게 회사의 미래를 생각하게 만들었다. 회사의 장기 비전과 회사가 달성해야 하는 목표를 공유하게 된 것이다.

뉴웨이로
꿈꾸던 비전을 달성하다

1995년에는 유한킴벌리의 경영혁신 모델인 뉴웨이New Excellence World class business process with All Y-K family가 제시됐다. 기존의 생산자 관점의 모든 설계를 고객 눈높이에 맞춰 전방위 혁신을 실행하자는 게 핵심이었다.

회사는 뉴웨이를 발표하기 전 혁신주도팀을 만들었다. 마이클 해

머의 책에 나오는 '혁신팀'과 같이 기업의 새로운 변화를 선도해나갈 팀을 만든 것이다. 팀원들은 고유업무에서 빠지고 새로운 아이디어와 혁신주도적 사업을 구상했다.

그 당시 유한킴벌리는 위기를 맞고 있었다. 글로벌기업 P&G의 국내 진출로, 생리대사업이 1위에서 2위로 내려앉는 수모를 겪었다. 시장 경쟁은 가속화되고 있었고, 회사가 설립된 이래 지속되어오던 매출액 상승폭은 급격히 떨어지고 있었다. 이대로 가다가는 회사의 존립이 힘들 정도였다.

유한킴벌리는 가장 먼저 조직변화를 통한 경영혁신에 도전했다. 그 시작이 바로 뉴웨이였다. 뉴웨이는 비전2000의 실행 프로그램 역할을 했다. 뉴웨이의 첫 번째 특징은, 업무 프로세스에서 효율을 높이는 것이었다. 업무 프로세스를 개선해나가면 비효율성이 줄어들고 더 많은 것을 생산하게 된다. 불필요한 자재와 에너지를 줄여나가는 것이어서 환경친화 경영과도 맞닿아 있었다.

두 번째는 인간존중 경영이었다. 생산성을 높이기 위해 사원들을 쥐어짜면, 업무효율은 높아지더라도 정도경영이라고 할 수 없다. 회사는 사원을 압박해 생산성을 높여나가지 않았다. 대신 사원의 경쟁력을 높여 생산성을 높인다는 방침을 세웠다. 이는 평생교육을 통한 지식근로자 개념과 연결돼 있었다.

세 번째는 윤리경영이었다. 인간존중을 하는 것은 맞지만, 윤리적이지 않을 때는 의미가 없다. 윤리적인 기업이라야 사회에서 존중을 받고, 직원들도 서로서로 존중하게 된다는 것이다.

뉴웨이는 2003년 뉴웨이 2.0 버전인 'e-뉴웨이'로 업그레이드됐다. e-뉴웨이는 전사적 차원의 전사적 자원관리시스템ERP을 도입해 업무 프로세스를 통합하고 투명경영을 이룬다는 구상에서 시작됐다.

기존 뉴웨이가 회사의 내부역량 강화에 초점을 맞췄다면, 새로운 e-뉴웨이는 내부역량뿐만 아니라 외부역량까지 변화시키겠다는 목표를 갖고 있었다. 예컨대 고객사와 유한킴벌리가 판매량을 함께 세우고 판매 생산계획을 같이 만들어나가는 방식이었다. 내외부의 경영환경 변화를 회사경영에 즉시 반영할 수 있게 된 것이다. 회사는 하나의 정보시스템으로 제품개발 시간을 줄이고, 원가를 줄여나가도록 했다.

뉴웨이라는 경영혁신 모델을 발판으로 유한킴벌리는 꿈이었던 비전을 달성했다. 그동안 회사는 인간존중과 윤리경영, 존경받는 기업이라는 이미지를 확고하게 세웠다. 2000년 유한킴벌리의 매출액은 '비전2000'의 매출 목표 5,000억 원을 넘어선 5,612억 원이었다. 꿈이었던 비전이 현실이 된 것이다. 회사의 경영혁신은 여기서 만족하지 않았다. 뉴웨이 경영혁신 프로젝트는 지금도 업그레이드되고 있다.

위기가 아닐 때
더 큰 미래를
준비한다

더 나은 생활을 향한 믿음, 비전2020

비전은 회사의 꿈과 희망이다. CEO의 책무 중 하나는 사원을 꿈꾸게 하는 것이다. 현재 잘하고 있다고 안주해서는 안 된다. 사원들에게 꿈을 보여주고, 차세대 먹거리를 준비하는 게 리더의 역할이다.

유한킴벌리는 창립 40주년을 맞은 2010년 10월 '비전2020'을 제시했다. 회사가 비전2020을 만든 것은, 한발 앞서 나가기 위해서다. 회사 혼자만이 아닌 사원과 사회와 더불어 나가기 위해서다.

비전2020과 비전2000의 차이는 무엇일까? 일단 이전의 비전은 위기에 대응하기 위해 만들어졌다. 비전2020은 위기가 아닐 때 제시됐다. 2010년 회사의 경영실적은 좋았다. 일부 사원은 열심히 일해서 좋은 결과를 낳았는데 웬 비전이냐는 목소리를 내기도 했다.

회사가 힘들고 어려울 때 혁신은 쉽게 이뤄지지만, 회사가 잘 되고 있을 때는 작은 혁신도 힘든 게 사실이다. 현재에 만족하며 안주하려는 경향이 있기 때문이다.

하지만 잘할 때 미리 준비해야 한다. 상황이 좋지 않을 때 시작한 혁신은 힘들고 오래가지 못한다. 잘하고 있을 때 고통스럽더라도 혁신이 이뤄져야 그 기업은 지속 가능하다.

회사의 비전은 미래를 예측하고 꿰뚫어봐야 한다. 비전2020은 그런 의미에서 제시됐다. 현재 우리 사회는 시시각각 변하고 있다. 1년 전의 전략이 휴지통으로 사라질 만큼 변화의 속도가 빠르다. 최근에는 기업전략을 월 단위로 업데이트해야 한다는 얘기가 나올 정도로 경쟁이 치열해지고 있다. 이런 상황에서 기업 경쟁력을 키우려면 세상을 꿰뚫어보는 인사이트가 필요하다. 인사이트는 부서의 시각에서 나올 수 없다. 회사 조직이라는 큰 틀에서 사회를 바라볼 때 인사이트가 생기는 것이다. 즉 사원 하나하나가 사회와 회사라는 큰 틀에서 보는 시각을 길러야 회사의 경쟁력은 더욱 강해진다.

이런 상황에서 회사는 성장동력과 미래지향적인 방향을 설정해야 할 필요가 있었다. 회사의 목표를 세우고, 구체적인 실행계획을 만들 필요가 있었던 것이다.

예를 들어 우리 사회가 안고 있는 문제점 중의 하나인 저출산은 부서의 시각으로 보면 크게 와닿지 않는 이슈다. 하지만 기업의 시각에서 보면 달라진다. 현재 유한킴벌리 이익의 50퍼센트 이상이 유아·아동사업부문에서 창출된다. 하지만 저출산 기조가 계속 이어지면, 회사 이익의 상당 폭은 줄어들 수밖에 없다. 물론 제품 차별화를 통해 이런 문제에 대응할 수 있지만 시장 자체가 줄어드는 것은 해결하기 쉽지 않은 일이다.

게다가 경쟁사의 도전은 계속되고 있다. 이런 상황에서 앞으로의 먹거리를 고민하지 않을 수 없다. 이대로 가다가는 회사의 존립 자체가 무너질 수 있다. 비즈니스 포트폴리오 차원에서도 새로운 먹거리를 준비해야 한다. 먹거리를 만들기 위해선 안주하지 않고 계속 시도해야 한다. 그래야 사원들에게 새롭고 도전적인 일을 할 수 있는 기회가 주어진다.

위기감이 아닌 존재의 이유가 비전이다

비전을 만들기 위해서는 몇 가지 단계를 거친다. 먼저 우리가 어디에 있는지를 알아야 한다. 우리가 어디에 있는지를 알기 위해서는 사회의 흐름을 파악해야 한다. 메가트렌드가 무엇인지도 확인해봐야 한다. 그래야 우리가 가고 싶은 곳이 어딘지 찾을 수 있다. 예컨대 저출산이라는 흐름으로 아기들이 줄어들고 있는데, 가만히 있을 것인가를 생각해보는 것이다.

다음 단계는 우리가 가고 싶은 곳에 도달하기 위해 무엇을 해야 하는가를 분석해야 한다. 그곳까지 가기 위해 우리가 부족한 것이 무엇이고, 그것을 어떻게 극복할지를 생각해야 한다.

비전을 만들 때 주의해야 할 게 있다. '양치기 소년'이 돼서는 안 된다는 것이다. 미래에 나갈 방향을 제시하지 않고 "미래를 위해 허리띠를 졸라매자"라며 조직에 위기감을 불어넣는 게 대표적이다. 사원들에게 위기감만 강요하면, 한두 번의 성과는 낼 수 있지만 나중에는 아무도 믿지 않는다.

이런 모든 사항을 검토하는 과정을 거쳐 유한킴벌리는 비전2020을 만들고 '더 나은 생활을 향한 믿음'을 미션과 비전으로 정했다. '초일류 생활혁신기업'이라는 경영목표와 함께 매출 5조 원의 적극적인 재무목표를 제시하고, 이에 도달하기 위한 구체적인 전략방향도 도출했다.

더 나은 생활을 향한 믿음을 유한킴벌리의 존재 이유이자 나아갈 방향으로 정한 것은 어떤 이유일까? '더 나은 생활을 만들어나가겠다'는 것은 고객에게 최고의 제품을 제공한다는 뜻도 있지만, 우리 사회에서 삶의 질을 높여나가겠다는 뜻도 내포돼 있다.

미래 우리 사회 잠재력의 발목을 잡게 될 것으로 보이는 이슈는 저출산과 고령화이다. 아기를 낳아 기르기 힘들다보니 저출산 현상이 이어지고, 저출산은 결국 고령화사회로 이끌고 있다. 이런 문제는 우리 사회가 풀어야 할 국가적인 어젠다가 됐다. 하지만 국가 혼자의 힘으로 풀기 쉽지 않은 문제들이다.

더 나은 생활을 향한 믿음은 이런 사회적인 문제를 해결하기 위한 뜻도 내포돼 있다. 아이부터 노인까지 더 나은 생활을 위한 기업이 되겠다는 의지를 담은 것이다. 경영목표인 초일류 생활혁신기업에서도 이러한 의지를 표현하고 있다.

저출산과 고령화문제를 풀기 위해 기업은 어떻게 사회에 기여해야 하는가라는 고민이 녹아 있는 것이다. 예를 들면, 고령화시대에 살고 있는 노인들이 반드시 필요한 제품을 만들고, 사회공헌 활동을 할 때도 노인층과 함께하는 것이다.

비전의 핵심 가치는 3가지이다. '도전과 창의', '신뢰와 배려', '책임과 공헌'이 바로 그것이다.

도전과 창의는 목표를 도전적으로 정하고, 창의적인 방법으로 지속적인 개선을 진행하는 것을 말한다. 한마디로 도전과 창의로 혁신적인 기업이 되겠다는 의지를 담은 것이다. 구체적인 내용을 보면, 도전의식 고취(순응하기보다 질문하고 도전하자), 조직의 창의력 제고(즐거운 직장 분위기를 조성하자), 구성원 참여 유도(지속적인 개선을 위해 제안하자), 자율 메커니즘(스스로의 원칙에 따라 일하자), 비전 공유(구성원과 꿈을 공유하자) 등이다.

책임과 공헌은 윤리경영, 공정거래, 성실납세, 생명존중, 환경경영, 가족친화 경영 등 사회적 책임을 다한다는 것이다. 기업의 존재 이유는 고객과 사회가 있기 때문이다. 혼자 잘살기를 바라는 기업이 있다면, 단기적으로는 수익을 낼 수 있다. 하지만 지속가능성은 없다. 기업은 사회와 함께 가야 한다. 그러기 위해 필요한 것이 책임과 공헌이다.

신뢰와 배려는 신뢰구축, 안전, 삶의 질 향상, 열린 경영, 평생학습, 인재육성, 동반성장, 고객만족 등을 위해 노력하는 것이다. 예컨대 유한킴벌리의 제품은 누가 구입하더라도 신뢰할 수 있다는 믿음을 주게 만드는 것이다. 회사는 고객에게 신뢰를 주고, 고객은 회사 제품을 쓰면서 자부심을 느끼게 된다. 고객은 품질 걱정 없이 제품을 구입할 수 있어 시간을 절약할 수 있다.

비전에서는 사업목표를 도전적으로 정했다. 현재 유아·아동용품, 여성용품, 가정용품, B2B 등 기존 4개 사업 영역을 2020년까지 유아&아동솔루션, 스킨케어, 시니어케어, 가정용품, B2B 솔루션, 여성용품, 병원용품, 기타사업 등 8개 사업 영역으로 확대한다는 것이다. 기존 사업 영역을 약화시키는 것이 아니라 확대해나간다는 전략이다. 더 세밀하고 정확한 고객조사를 바탕으로 보다 효율적이고 편리한 제품을 선보여 수익성을 창출한다는 것이다.

2010년 매출에서 차지하는 신규사업의 비중은 13퍼센트 정도지만, 2020년에는 50퍼센트까지 확대한다는 계획이다. 북아시아에 집중돼 있는 수출 지역도 북남미와 유럽, 동남아시아 등으로 확장한다는 전략을 세웠다.

당연히 전체 매출도 늘어난다. 현재 1조 4,000억 원 정도의 매출을 5조 원으로 높여나가고, 매출확대에 따라 현재 기업순위 238위에서 2020년까지 100위 이내로 끌어올린다는 계획이다.

글로벌 인재도 양성한다. 현재 유한킴벌리는 중국에 엔지니어와 마케터를 진출시키는 등 북아시아를 중심으로 인재를 파견하고 있다. 하지만 2020년까지 킴벌리클라크의 이사회 멤버 2명, 글로벌 지역 리더 20명 등의 글로벌 인재를 양성하기로 했다.

비전2020이 제시됐을 때 일부 사원은 비전을 몸으로 체감하지 못했다. 과거에 비전2000이 나왔을 때도 마찬가지였다. 그때 매출 규모를 5,000억 원으로 늘리겠다는 재무계획도 제시됐다. 많은 사원들이 "허황된 것 같다", "꿈같다"며 실감을 하지 못했다. 워낙 장기비전이다 보니 멀어 보였고 커 보였다. 하지만 사원들은 허황하다고 생각했던 그 목표를 달성했다. 기저귀사업 부문은 1987년에 세웠던 목표보다 훨씬 더 크게 성장했다.

비전2020에서 재무목표 5조 원을 제시했을 때, 일부 사원들은 그때처럼 우려를 했다. 하지만 10년 뒤 그때처럼 목표를 달성할 수 있다는 확신도 나오고 있다. 성공경험이 확산되는 것이다.

비전2020의 상징은 바람개비다. 바람개비는 스스로 미래의 변화를 만들어내는 도전적이고 역동적인 유한킴벌리 직원들과 문화를 의미한다. 바람개비는 바람이 불면 돌아가지만, 바람개비를 들고 스스로 뛰어감으로써 바람을 만들어낸다. 바람개비의 날개는 신사업 창출, 고객 및 시장지향, 새로운 유한킴벌리 문화 정착, 미래지향적인 인사와 조직, 전사적 운영 효율화 등 5대 전략방향을 담았다. 날개가 함께 돌아감으로써 비전과 미션을 달성하겠다는 의지를 표현하고 있는 것이다.

10년 후 회사를
사원과 함께
꿈꾸고 디자인하다

비전팀을 만들어 모두를 위한 비전을 만들다

유한킴벌리의 비전2020은 '집단지성collective intelligence'이 발휘되는 과정을 거쳐 나왔다. 집단지성이란 다수가 서로의 지혜를 모으고 협력하거나 경쟁하면서 최선의 지적 결과를 가져오는 과정을 말한다.

많은 회사들은 비전을 만들 때 기획팀의 몇몇 사람을 중심으로 뚝딱 만들어 제시한다. 사원들의 의견이 반영되지 않는 게 다반사다. 사원들은 자신이 원하는 회사와 꿈꾸는 회사를 직접 그려나가지 못하고 위에서 만들어진 비전을 따라야 한다. 때문에 그들은 회사의 비전을 자신과 별 상관없는 일로 간주해버리기 일쑤다. 그러다보니 비전의 실행력도 떨어진다.

유한킴벌리의 비전 만들기는 사원 참여에서 시작됐다. 비전 만들기는 똑똑한 한두 사람이 아니라 전 사원의 힘으로 이뤄졌다. 하향식의 탑다운 방식이 아니라, 상향식의 바텀업 방식으로 진행된 것이다.

비전2000을 만들 당시에는 많은 사원의 의견을 충분히 반영하지 못하고 핵심적인 인력의 참여만 이뤄졌다. 하지만 비전2020을 만들 때는 사원들의 의견을 듣는 데서 출발했다. 회사는 사원들의 의견을 많이 듣고, 그 의견을 모아야 한다고 생각했다. 머리 좋은 사람 서너 명이 뚝딱 만들어내서는 안 된다고 여긴 것이다. 회사의 비전이 아니라 직원들 스스로 '나의 비전'이라는 생각이 들도록 하기 위해서였다.

끝까지 소통하고
모두를 위한 비전을 세우다

유한킴벌리의 비전 만들기는 회사가 고객조사를 하는 방식으로 진행됐다. 회사가 제품을 개발하기 전 많은 고객의 의견을 듣는 것처럼, 비전을 만드는 것도 마찬가지였다.

물론 바텀업 방식보다 탑다운 방식으로 비전을 만들면 시간을 줄일 수 있었다. 하지만 회사는 사원들이 꿈꾸는 회사로 만들기 위해선 그들의 참여가 필수라고 여겼다. 사원 스스로 미래 먹거리 사업을 고민해야 시장을 읽는 눈을 기를 수 있고, 사원 스스로 비즈니스에 대해 고민해야 비즈니스를 잘할 수 있기 때문이다.

비전 만들기에 들어갔을 때 처음 회사는 사원의 목소리를 경청하는 데 시간을 보냈다. 그들이 바라는 것이 무엇인지를 확인해야 했다. 회사는 사원들이 바라는 비전이 무엇인지를 얘기해 달라고 요청했다. 1,653명의 사원들 가운데 절반가량인 800명이 1,700여 개의 아이디어를 쏟아냈다.

비전을 만들기 위한 워크숍도 10여 차례 열렸다. 사원들은 사업과 조직의 비전을 놓고 브레인스토밍을 벌였다. 신입사원부터 회사의 핵심간부에 이르기까지 함께 비전 만들기의 방향을 토론하고, 의견을 주고받았다.

사원들은 회사의 미래 성장동력이 침체되고 있음을 지적했다. 미래지향적으로 나가야 한다는 것을 사원 스스로 느낀 것이다. 어떤 미래를 만들어나갈지를 정리했고, 그 방법론에 대해서도 의견을 나누었다.

처음에 일부 사원은 마지못해 따라왔다. '일이 바쁜 사람 불러 뭘 하냐'는 생각을 가진 사람도 있었다. 하지만 막상 워크숍을 열자 사원들은 미래의 비전에 대해 함께 진지하게 고민하기 시작했다.

워크숍은 사원을 불러놓고 회사가 만든 비전을 제시하는 자리가 아니었다. 사원들 역시 아무 생각 없이 자리만 채우지 않았다. 그들은 자신이 생각하는 문제점과 대안을 말했다. 인사, 사업, 외부환경 등을 놓고 어떻게 비전을 만들어나갈 것인지를 고민했다.

비전을 만들기 위해 많은 사원이 참여하여 혁신을 위한 다양한 아이디어가 나왔다. 비즈니스 틀을 바꾸는 것처럼 기존에는 생각하기 어려운 발상이 쏟아져나왔다.

비전을 만들기 위해 실무를 진행할 비전팀이 2010년 6월에 꾸려졌다. 비전팀에는 풀타임으로 26명의 사원이 참가했다. 파트타임으로 40~50명이 참여했다. 이들은 새로운 비전과 비전의 구체적인 실행방안인 뉴웨이를 만드는 전략과제를 부여받았다. 비전팀은 2개월 동안 사원의 의견을 듣고, 2개월 동안 사원과 소통하고, 2개월 동안 구체적인 비전을 마련했다.

비전 준비 작업은 크게 2가지로 진행됐다. 하나는 사업과 관련한 비전을 만드는 것이었고, 나머지 하나는 조직과 관련한 비전을 세우는 것이었다.

비전팀은 어려운 실무 작업을 진행했다. 새벽 6시께 출근해 야근을 밥 먹듯이 했다. 10년 뒤의 미래를 디자인하다보니, 일부 사원에게는 현실감이 떨어졌다. 2020년이 너무 멀게 느껴진다는 것이었다. '아무리 회사와 후배를 위해 좋은 일이라 하더라도, 내가 5년 내에 퇴직하면 크게 와 닿지 않는 일'이라고 느끼는 사원도 있었다. 때문에 단기적인 작은 목표를 세우는 것도 중요했다.

하지만 변화는 또 다른 기회라는 생각에 설렘을 느끼는 사원도 있었다. 주니어그룹에서는 "회사가 정체되어 있다"는 문제제기가 있었다. 그들은 보다 수평적인 커뮤니케이션과 자유로운 의사개진이 가능하고, 회사의 중요한 결정에 적극적으로 참여하면서 자기 실력을 발휘할 수 있는 회사를 꿈꾸고 있었다.

회사는 어느 선까지 소통을 하고 의견을 모을 것인가로 고민했다. 많은 사람이 같은 생각을 갖고 같은 방향으로 함께 가기가 쉽지 않았다. 모든 사원들이 한쪽 방향을 보게 하는 건 쉬운 일이 아니었다. 마지막 한 명까지 같이 가자고 해야 할지, 비전에 동의한 60~70퍼센트만을 이끌고 가야할지, 회사는 계속 고민했다.

하지만 소통은 계속됐다. "이제 그만해도 되지 않을까?"라고 할 정도로 사원들의 공감대를 이끌어냈다. 소통은 돈과 시간이 드는 일이다. 회사도 비용을 생각하지 않을 수 없었다. 반대하거나 저항할 때 일정 부분 감수해야 할 때도 있지만, 기본적으로 '왜 변화해야 하는지'를 소통을 통해 풀어나갔다.

상당수 회사는 비전을 세울 때 형식을 갖추기 위해 사원 의견을 모으는 과정을 거친다. 하지만 대부분은 의견만을 모은 뒤, 회사가 직접 결정해버린다.

하지만 유한킴벌리는 사원의 의견만을 모으는 데 그치지 않았다.

모은 의견을 결정하는 데도 사원이 참가했다. 최종 후보로 올라온 과제를 놓고 사원이 직접 승인하는 과정을 거친 것이다. 5가지 전략 방향이 잡혔고, 이 가운데 앞으로 해야 할 일을 중심으로 67개 전략과제가 도출됐다. 비전에 대한 전략적 방향을 모은 것이다.

비전을 고민하고 결정하는 과정은 길었지만 이후 추진력은 대단했다. 마치 공장의 가동률을 올리는 것과 같이 빠르게 진행됐다. 이는 유한킴벌리의 기업문화이기도 했다. 회사에 기저귀 1호기가 들어왔을 때, 불과 두세 달 만에 기계 가동률을 50퍼센트로 올렸다. 다른 회사는 보통 50퍼센트로 끌어올리는 데 6개월이 걸리는 경우도 허다하다. 하지만 유한킴벌리 사원들은 50퍼센트에 만족하지 않았다. 100퍼센트로 높이는 데 도전했다.

이처럼 회사와 사원들은 결정하는 과정에 시간을 많이 투자했지만, 실행과정에는 드라이브를 걸었다. 결정과정은 소프트하게, 실행과정은 하드하게 진행된 것이다.

비전으로 강화되는
도전과 창의 스타일

요즘 회사에서는 스피드가 강조되고 있다. '실패하려면 빨리 하자,

빨리 회복하면 된다'라는 도전 의식이 싹트고 있다. 실행이 뒤따르지 않는 계획은 아무도 기다려주지 않는다. 시도를 하면 실패도 뒤따른다. 하지만 실패는 그 자체에만 머무르지 않는다. 실패를 통해 교훈을 얻고, 그 교훈은 더 큰 성공을 가져오는 든든한 초석이 된다.

도전과 창의의 문화는 유한킴벌리를 바꿔놓고 있다. 사원들은 신사업과 신제품에 뛰어드는 것을 두려워하기보다 적극적으로 도전하려고 한다. "우리가 이런 것도 시작하네", "이렇게 하면 되겠다"와 같은 의식이 싹트고 있는 것이다.

이처럼 비전은 도전의식을 불러오고 있다. 2년 전에는 상상도 못했던 일이었다. 비전을 통해 제시된 새로운 유한킴벌리 스타일은 더 열정적으로 도전해 창의적인 제품과 문화를 만들어내고 있다.

회사의 새 비전은 종종 스포츠에 비유되기도 한다. 예를 들어 회사가 지금까지 축구에서 굉장히 뛰어났지만 축구를 잘하는 경쟁자들이 속속 늘어나고 있다. 이젠 야구와 농구도 해야 한다. 하지만 야구나 농구를 할 때 쓰는 근육은 축구를 할 때 쓰는 근육과 다르다. 때문에 쉽게 다른 종목으로 옮기지 못한다.

시장의 판을 바꾸기 위해선 기존의 생각과 관점을 바꿔야 한다. 이를 위해 유연성과 스피드가 꼭 필요한 것이다.

회사가 잘 돌아가기 위해서는 팀플레이가 무척이나 중요하다. 스타플레이어도 중요하지만 팀스피리트는 더더욱 중요하다. 우리나라가

2002년 월드컵 4강까지 신출하게 된 건, 뛰어난 스타플레이어 때문이 아니었다. 팀플레이가 있어 가능했다. 팀플레이는 다른 기업들이 따라 배울 수 없는 암묵지다. 비전2020에는 이런 팀플레이 정신이 녹아 있다.

비즈니스 세계에서는 그 어떤 조직도 나쁜 비전을 만들지 않는다. 그 비전이 나쁜 비전으로 전락하는 것은 실행력이 뒷받침되지 못했기 때문이다. 완벽한 비전을 만들려고 하면 밑도 끝도 없다. 일단 불완전하더라도 실행하고 보완하는 게 중요하다. 실패하지 않기 위해 완벽한 계획을 만들려고만 한다면 비전 자체를 만들지 못하게 된다.

비전은 만고불변의 진리가 아니다. 항상 업데이트해야 한다. 비전을 실행했는데 긍정적 평가가 나오지 못했다면 왜 그런가를 따져보고 조금씩 수정해나가야 한다.

비전은 만드는 데 그쳐서는 안 된다. 유한킴벌리는 비전의 구체적인 실행을 위해 조직의 틀을 변화시켰다. 스마트오피스가 대표적인 예이다. 이제부터는 성과를 담아내야 한다. 예를 들어 "사무실 바꿔서 좋아지긴 했는데, 비즈니스에서도 뭔가 달라졌나?"라는 질문에 답을 해야 한다.

비즈니스에서 가시적인 효과를 보이려면 성공스토리로 보여줘야한다. 성공스토리는 도전과 창의에서 나온다. 도전과 창의가 있으면 보이지 않는 곳에서 성공스토리가 나온다.

도전적이고
역동적인
회사로 진화하라

비전을 구체화하고 실천한다, 뉴웨이 3.0

비전을 만들었더라도 실행하지 않는다면 아무런 의미가 없다. 유한킴벌리의 비전을 구현하기 위한 구체적인 리스트가 바로 '뉴웨이 3.0'이다. 비전의 실천 매뉴얼인 것이다.

뉴웨이 3.0은 비전2020과 함께 출발했다. 10년 뒤를 내다보며 혁신을 하자는 데서 출발했다. 뉴웨이 3.0은 회사가 극복해야 할 과제를 부문별로 우선순위를 매겨 실천하는 항목이었다. 어떤 과제는 부서별로, 어떤 과제는 전사적인 협업을 통해 실천해나가야 하는 것이다. 과제들은 현실적으로 실현가능한 것으로 구성돼 있다. 뉴웨이 1.0과 2.0을 실행하면서 현실과 맞지 않은 내용을 손질하기도 했다.

뉴웨이 3.0은 이전 뉴웨이를 한 차원 업그레이드시켜 변화와 혁신을 강조하고 있다. 뉴웨이 1.0과 2.0은 비즈니스에 치우친 측면이 있었다. 뉴웨이 1.0은 내부에서 기회를 찾아 단계적으로 발전 성장하자는 개념이었다. 뉴웨이 2.0은 테크놀로지에 초점을 맞추었다. 모두 내부 자원을 혁신하고 자원의 통합을 강조했다.

뉴웨이 3.0은 변화하고 있는 사회에서 선도적으로 나서기 위해 회사의 조직문화를 먼저 바꿔놓자는 데 무게중심을 두고 있다. 그리하여 사업 포트폴리오와 기업문화에 메스를 가했다. 비즈니스 플랫폼의 틀을 새로 짜고, 기업문화를 바꿔 창의적이고 도전적인 일을 하자는 것이다. 이는 사회의 변화와 시장의 변화를 점검하고 대처하기 위해서이다. 비유하자면 이렇다. 도로는 8차선으로 넓어졌는데 우리는 여전히 2차선을 달리고 있지는 않는지, 다른 회사는 내비게이션을 보고 운전을 하는데 우리는 여전히 지도를 보고 운전하는 게 아닌지를 검토하는 것이다.

뉴웨이 3.0이 이전과 또 다른 점은 부서 간의 벽 허물기를 추진하는 데 있었다. 회사가 성장하면 부서 간의 벽은 공고해졌다. 물론 사원들은 부서에서 최선을 다한다. 하지만 이 과정에서 문제가 발생한다. 부서나 부문의 이기주의를 낳기 때문이다. 그러다보니 사원들의 생각은 부서의 일에 얽매이게 된다. 자신의 부서 중심으로 생각하다 보면 협업을 하기 힘들다. 부서를 뛰어넘는 프로젝트를 하다가도 갈등의 골이 생긴다. 회사라는 큰 틀을 보지 못하고 있기 때문이다. 부문의 최적화가 아닌 조직, 회사 전체의 최적화가 필요한 시점이었다.

뉴웨이 3.0은 이전 뉴웨이와 달리 회사의 지속가능성을 확보하는 데 중점을 두고, 변화와 혁신을 선도하자는 데 무게중심을 두고 있다.

유한킴벌리의 지난 40년을 되돌아보면, 성장률은 10년마다 반토막이 났다. 1970년대에는 65퍼센트 안팎의 성장률을 보였지만, 1980년대에는 30퍼센트 안팎으로 줄어들었고, 1990년대에는 15퍼센트 안팎으로, 2000년대에는 8퍼센트 안팎의 성장률을 보였다. 이렇게 되면 2010년대에는 4퍼센트의 저성장으로 추락할 공산이 컸다.

앞으로 또 다른 40년을 생각하면 지금 변해야 했다. 전사적인 혁신의 틀에서 바꿔보자는 것이다. 기존 비즈니스를 통해 성장하는 것은 한계에 부닥쳤다. 새로운 사업을 해보는 게 중요해졌다. 이를 위해선 창의적인 문화가 셋업이 돼야 한다.

과거의 관료적이고 수직적인 조직문화를, 민주적이고 수평적인 조직문화로 바꿔야 한다. 기업문화의 이노베이션도 필요하다. 새로운 사업을 시작하려면 새로운 문화와 새로운 조직인사 시스템이 필요하다. 조직문화와 기업의 시스템을 바꿔보자는 공감대를 형성해야만 한다.

새로운 비즈니스를 하려면 회사와 사원은 창의적으로 변신해야 한다. 리스크도 받아들여야 한다. 리스크를 받아들이는 도전적인 조직문화가 필요하다. 이를 위해선 회사의 모든 것이 개방되고 모든 사원들이 커뮤니케이션을 쉽게 할 수 있도록 해야 한다. 뉴웨이 3.0은 이런 혁신에 포커스를 맞추고 있다.

뉴웨이 3.0은 현재 진행 중이다. 사원들의 의견을 바탕으로 도출된 총 68개의 전략과제 중 2012년 12월 기준으로 66개가 완료되었으며, 2개 과제는 진행 중이다. 성과평가 프로세스가 보다 합리적인 체계를 갖추었고 본사 건물은 스마트오피스로 구축됐다. 신규사업 가속화를 위한 전략기획본부가 신설됐다.

그동안 유한킴벌리는 일하고 싶은 직장으로 손꼽혀왔다. 매우 좋은 회사로 인식되긴 했지만, 도전적인 회사라는 이미지는 약했다. 현재 유한킴벌리는 뉴웨이 3.0으로 이미지 변신 중이다. 안정적인 회사에서 도전적인 회사로, 조용하고 단아한 회사에서 역동적인 에너지가 넘치는 회사로의 변신이다. 한정된 시장을 지키는 회사가 아니라 시장을 개척하는 회사로, 국내에서 일하는 인재에서 글로벌에서 일할 수 있는 인재로의 변화이다.

그렇다고 유한킴벌리의 강점인 윤리적인 기업에서 벗어날 생각은 없다. 착하면서 강한 회사를 꿈꾸고 있기 때문이다. 성장도 하고 사회에 공헌하는 기업을 미래기업의 모델로 제시하는 것이다.

뉴웨이 3.0을 통해 유한킴벌리는 새로운 변화에 도전하고 있다. 뉴웨이는 진화를 해오고 있다. 앞으로도 계속 진화할 것이다.

사원 모두가
꿈꾸는 회사는
어떻게 만들어지는가?

조직의 비전은 한 사람의 작품이 아니다.

나는 마틴 루터 킹의 비전에 대해 생각해봤다.

그것은 루터 혼자만의 비전이 아니었다.

비전을 표명하기까지 그는 수천 명의 사람들과 이야기하고 의견을 들었다.

그의 비전은 수백만 명의 희망과 꿈을 표현하고 있었다.

비전을 창조하는 과정은 비전의 내용만큼이나 중요하다.

– 켄 블랜차드, 《비전으로 가슴을 뛰게 하라》 중에서

기업은 조직의 비전을 제시하고 그 비전에 대한 로망을 끊임없이 구성원에게 말한다. 비전은 회사의 꿈과 희망이다.

CEO의 책무 중 하나는 사원을 꿈꾸게 하는 것이다. 현재 잘하고 있다고 안주해서는 안 된다. 사원들에게 꿈을 보여주고, 차세대

먹거리를 준비하는 게 리더의 역할이다.

회사의 비전은 미래를 예측하고 꿰뚫어봐야 한다. 1년 전의 전략이 휴지통으로 사라질 만큼 변화의 속도는 빠르다. 최근에는 기업전략을 월 단위로 업데이트해야 한다는 얘기가 나올 정도로 경쟁이 치열해지고 있다.

이런 상황에서 기업경쟁력을 키우려면 세상을 꿰뚫어보는 인사이트가 필요하다. 인사이트는 부서의 시각에서 나올 수 없다. 회사조직이라는 큰 틀에서 사회를 바라볼 때 생기는 것이다. 즉 사원 한 명 한 명이 사회와 회사라는 큰 틀에서 보는 시각을 길러야 회사의 경쟁력은 더욱 강해진다. 이런 시각을 갖고 있는 사원들이 많을수록, 그 기업의 미래는 밝아진다.

비전에는 창조·성과·혁신·효율·변화 등의 의미가 포함된다. 하지만 기업이 제시한 비전이 외부엔 그럴듯하게 비치지만 언어유희에 그치는 일도 허다하다.

그것은 왜일까? 구성원과의 소통 없이 CEO의 머릿속에서 나오거나 외부 컨설팅을 통해 뚝딱 만들어내는 경우가 흔하기 때문이

착하면서 강한 기업
유한킴벌리 이야기

다. 많은 회사들이 기획팀의 몇몇 사람을 중심으로 뚝딱 비전을 만들어 제시한다.

사원들의 의견이 반영되지 않는 게 다반사이다. 사원들은 자신이 원하는 회사와 꿈꾸는 회사를 직접 그려나가지 못하고 위에서 만든 비전을 따라야 한다. 때문에 그들은 회사의 비전을 자신과 별 상관없는 일로 간주해버리기 일쑤다. 그러다보니 비전의 실행력도 떨어진다.

유한킴벌리는 달랐다. 회사의 비전이 사원들에게 뿌리내릴 수 있는 방법을 찾기 위해 노력했다. 유한킴벌리의 비전 만들기는 사원 참여에서 시작됐다. 유한킴벌리의 비전은 다수가 서로의 지혜를 모으고, 협력하거나 경쟁하면서 최선의 지적 결과를 가져오는 '집단지성'을 발휘하는 과정에서 태어났다. 똑똑한 한두 사람이 아니라 전 사원의 힘으로 비전이 만들어졌다. 하향식의 탑다운 방식이 아니라, 상향식의 바텀업 방식으로 진행됐다. CEO와 몇몇 사람만이 아닌 사원 모두가 꿈꾸고 디자인하는 것, 바로 유한킴벌리 비전의 특징이다.

그린핑거
공익 캠페인에서 모티브를 얻다

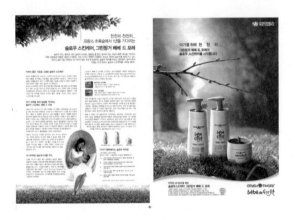

'그린핑거'는 성공한 기업사회공헌 활동을 비즈니스의 모티브로 적용해 성공을 거둔 특별한 사례로 꼽힌다. '그린핑거'는 '우리 강산 푸르게 푸르게' 숲 보호 공익캠페인을 통해 직접 발견하고 체험한 숲의 혜택을 피부와 위생에 관한 전문성과 결합하여 고객이 숲의 혜택을 더 가까이 누리게 하고자 탄생한 자연주의 스킨케어다. '그린핑거'의 브랜드명 역시 '숲의 건강한 생명력을 지닌 자연의 손길로 보듬어준다'라는 의미를 가지고 있다. 친자연적인 기업 이미지를 브랜드 컨셉에서 네이밍, 원료에 이르기까지 일관되게 적용하면서 로하스와 웰빙을 원하는 고객들의 기대에 부응하고 있다.

미래기업

사회공헌과
비즈니스를 같이한다

착하면서 강한 기업
유한킴벌리 이야기

단기적인 이익보다 미래의 가치를 생각하다

우리강산 푸르게 푸르게 30년

'크리넥스: 화장실에서 씻겨내려가는 오래된 산림'. 2007년 2월 유튜브에 올라온 동영상 제목이다. 올린 이는 국제 환경보호단체로 유명한 그린피스Green Peace였다. 이 동영상은 "화장지와 같은 일회용 제품들로 산림이 망가지고 있다"는 메시지를 던져주고 있었다.

사실 위생적이고 편리한 생활을 위한 생활용품과 환경은 영원한 불화의 관계에 있다. 모든 생산품은 제조과정에서 자원과 에너지를 소비한다. 결국 낭비를 줄이려면 가능한 오래 사용하는 수밖에 없다.

위생용품은 그럴 수 없기에 환경적 입장에서는 부담스런 존재다.

유한킴벌리의 주력 상품은 화장지와 기저귀, 생리대로 원료 중 펄프 비중이 가장 높다. 펄프는 나무로 만든다. 이 때문에 위생용품은 산림을 망가뜨린다는 비판에서 자유로울 수 없다. 하지만 기저귀, 생리대, 화장지는 대체품이 마땅치 않다. 이들 제품은 모두 사용자에게 필수품이다. 이들이 없다면 엄청난 불편을 참아내야 한다. 결국 삶의 질이 뚝 떨어지는 것이다.

생활용품을 만드는 기업은 제품을 많이 팔아야 달성할 수 있는 목표와 제품을 많이 팔수록 환경이 훼손된다는 현실 사이에서 고민할 수밖에 없다. 이런 상황에서 보다 많은 사람들은 환경에 신경을 쓰고 있다. 기업의 사회공헌활동에 대한 전경련2009의 조사결과를 보면, 일반 시민들은 기업이 우선적으로 관심을 두어야 할 사회공헌활동으로 소외계층 지원을 가장 먼저 꼽았고, 다음으로 환경보전을 꼽았다.

그만큼 환경을 아끼는 마음이 일반화되었음을 알 수 있다. 그린 마케팅을 오늘날 많은 기업에서 중요시하는 이유다. 지금 사회에서 환경을 등한시하는 기업은 이미지 실추와 함께 심한 경우에는 고객 불매운동의 대상이 될 수도 있다. 값이 조금 비싸더라도 친환경상품 구매로 사회에 공헌하자는 '착한 소비'가 떠오르는 시대다. 생활용품을 만드는 소비재 기업에게 반환경적 이미지는 치명적이다.

1998년 일부 환경단체와 사회 리더, 유한킴벌리 등이 참여한 민간 차원의 '생명의 숲 국민운동'이 창립되면서 사회적으로 환경과 숲에 대한 보다 큰 관심이 촉발되었다. IMF라는 사상 초유의 경제난으로 국민적 결집이 중시되던 시점이었다. 생명의 숲의 영향으로 1999년 평화의 숲, 2000년 한국내셔널트러스트, 2002년 서울그린트러스트 등 다양한 숲 보호 및 확장 운동이 나타났다. 이러한 활동들은 시민사회와 기업들이 숲과 환경에 대한 관심을 더욱 많아지게 하고 직접 참여하게 하는 전환점이 되었다.

생명의 숲을 기반으로 북한 삼림황폐지 복구를 위한 '평화의 숲'과 동북아 사막화 방지와 복원을 위한 '동북아산림포럼'이 진행됐다. 숲과 환경에 대한 사회적 관심이 매우 다양하고 폭넓어지는 계기가 된 것이다.

이러한 활동들은 유한킴벌리 '우리강산 푸르게 푸르게' 캠페인에서 시작점을 찾을 수 있다. 1984년 시작된 '우리강산 푸르게 푸르게' 캠페인은 '국유림 나무심기', '청소년 숲 체험학교', '전국민을 대상으로 하는 숲 보호 캠페인'을 거쳐 '학교 숲 만들기' 활동으로 이어지며 국민적인 캠페인으로 확대되었고, 기업 CSRcreating shared value 활동의 모델이되었다. 1984년부터 지속적으로 추진되었던 기업의 숲 보호 활동은 외환위기를 거치면서 '숲 가꾸기'라는 일자리 창출형 숲 보호 활동으로 연결되었고, 이것이 숲 가꾸기 국민운동으로 발전했다. 북한 산림황폐지 복구활동과 동북아 사막화 방지활동도 이러한 영향으로 생겨났다.

북한 지역 삼림황폐지 복구는 한반도 생태계 복원과 홍수와 가뭄 예방으로 식량 문제 해결에 기여하자는 취지로 시작되었다. 이러한 과정에서 민간 차원의 신뢰 구축과 교류에도 좋은 영향을 줄 수 있을 것이라는 기대도 있었다.

동북아 사막화 방지 역시 뜻깊은 국외 활동이다. 우리는 이미 사막화의 무서움을 피부로 실감하고 있다. 매년 봄마다 중국 서쪽에서 불어오는 황사가 우리의 건강을 위협하고 있다. 유엔에서도 사막화방지협약을 유엔 3대 환경협약으로 채택하여 전 세계적인 관심을 유도하고 있다. 그로 인해 지금은 많은 기업과 단체들이 사막화 방지에 참여하고 있다.

유한킴벌리는 1998년 동북아산림포럼 창립과 함께 동북아 사막화 방지활동에 참여했으며, 지금도 몽골 지역의 숲 조성에 힘을 기울이고 있다. 유한킴벌리의 선구자적 자세가 돋보이는 대목이다.

현재 많은 기업에서 사회공헌활동을 하고 있지만 유한킴벌리의 '우리강산 푸르게 푸르게'가 돋보이는 것은 세 가지 이유에서이다.

첫째, 가장 먼저 사회공헌활동을 시작하는 선구자적 자세이다. 단기적인 기업이익이나 시류에 편승하지 않고, 사회에 공헌할 수 있는 진취성을 보여주고 있는 것이다.

둘째, 안주하지 않고 부단히 새로운 영역으로 발전해나가는 개척

자적인 자세를 들 수 있다. 대개의 기업은 한두 가지 사회공헌활동으로 일정한 성과를 내면 현상유지에 들어가는 경우가 많다. 그와 달리 유한킴벌리는 사회 변화에 앞서 새로운 어젠다를 제시하고 이를 사회적으로 확산하고 공유하기 위해 지속적으로 노력하고 있다.

셋째, 한 가지 영역에 집중하는 자세이다. 숲과 환경에 대한 관심을 기반으로 많은 활동을 하고 있지만, 숲 보호에 집중함으로써 보다 깊이 있는 활동이 가능했고, 사회단체와 전문가 등과의 네트워크와 협력이 가능했다.

공유가치를
생각하며
비즈니스를 만든다
시니어를 위한 공유가치창조(CSV)

2011년 초 마이클 포터 미국 하버드 경영대학원 교수는 〈하버드 비즈니스 리뷰〉에 '공유가치창조CSV, Creating Shared Value'라는 개념을 제시했다. 포터 교수는 미국발 경제위기 뒤 자본주의의 신념으로 여겨지던 '기업에 좋은 것이 사회에도 좋다'는 생각에 많은 사람이 의문을 갖기 시작했다고 지적하며, 위기에 처한 자본주의의 해법으로 CSV를 내놓았다.

CSV는 기업이 눈앞의 수익을 창출하는 일에만 관심을 기울일 것이 아니라 환경, 물, 에너지, 빈곤 등 보다 근본적인 사회문제를 해결하고 그 과정에서 더 큰 영역에서 비즈니스를 창출해야 한다고 강조한다. 사회환경을 개선하면서 동시에 회사의 중장기적인 경쟁력을 높이자는 것이다.

다시 말해 사회에 공헌하는 활동을 하면서 매출과 이익을 증대시키고, 사회문제를 기업의 경제적인 가치창출로 이어지게 만들자는 것이 CSV의 핵심이다. 한정된 자원을 나눠 갖는 개념이 아니라, CSV를 통해 파이를 키우자는 개념이다.

해외에선 이미 많은 기업이 CSV 활동을 벌이고 있다. 다국적 식품 기업인 네슬레는 아시아, 아프리카, 남미 등 빈곤국의 54만 축산농가와 손잡고 농산물 직거래를 통해 제품 원료를 확보하고 있다. 농가와의 직거래는 원료를 확보하는 데 그치지 않는다.

네슬레는 영농기술 교육, 수로 건설, 금융 지원 등 63개의 영농지원 프로그램을 운영하며 농업 생산성을 높이는 데 도움을 주고 있다. 이런 활동을 통해 저개발 지역의 소득을 높여주고, 일자리를 마련해주면서 원자재의 안정적 수급과 품질을 확보하게 되는 것이다. 좋은 품질의 원료를 더 낮은 비용으로 확보해 가격경쟁력도 갖게 됐다.

코카콜라는 아프리카 농촌지역에서 창업과 여성을 지원하며 매출을 높이고 있다. 트럭 배송이 어려운 아프리카의 농촌지역에 현지인의 소규모 도매점 개점을 지원해주고 있다. 도매점의 절반은 여성창업자에게 운영 기회를 제공했다.

현재 아프리카 농촌지역에서는 3,200여 개의 소규모 도매점이 개점되어 있다. 코카콜라는 이 같은 CSV를 벌여 1만 9,000여 명에게 일자리를 마련해줬고, 지역경제 활성화와 여성창업을 지원했다. 개점한 소규모 도매점을 통해 9억 5,000만 달러의 매출증가를 실현했다.

일본의 중저가 의류브랜드 기업인 유니클로는 빈민국에서 빈곤 퇴치와 일자리 창출로 안정적인 노동력을 확보하고 있다. 2010년 유니클로는 방글라데시의 그라민은행과 함께 자본금 10만 달러의 '그라민-유니클로 조인트 벤처'를 설립했다. 빈곤층을 위한 소액대출은행인 그라민은행과 설립자인 무하마드 유누스 총재는 빈민의 가난 탈출을 도운 공로로 2006년 노벨평화상을 받은 적이 있다.

그라민 유니클로는 여성용 내의, 학생교복을 만들어 농촌지역 주민에게 판매했다. 가격은 현지 물가 수준에 맞춰 평균 1달러(약 1,200원) 정도였다. 의류 원단 같은 재료도 현지에서 조달했다. 여기서 얻어지는 판매수익은 현지의 고용확대, 사회공헌기금으로 쓰였다. 유니클로가 그라민은행과 제휴한 것은 빈곤국의 생활수준 향상에 공헌할 수 있을 뿐 아니라, 값싼 노동력을 공급받으며 해외사업도 추진할 수 있기 때문이었다.

유한킴벌리 역시 CSV 활동을 준비하고 있다. 어떤 쪽일까? 우리나라 경제의 발목을 잡을 수 있는 가장 큰 시한폭탄인 고령화와 관련한 분야이다. 유한킴벌리에서는 고령화의 대안으로 '액티브 시니어Active Senior'를 제시하고 있다. 액티브 시니어는 건강상태가 좋고 늦게까지 사회활동을 지속하며, 활발하게 소비하는 사람을 일컫는다. 이들은 은퇴 후에도 일을 하거나 취미활동, 지역사회활동, 봉사활동에 열심히 참여한다.

고령화가 가속화되면서 은퇴 이후에도 일을 하고, 취미나 지역사회 봉사활동에 열심히 참여하는 액티브 시니어가 더욱 중요해졌다. 노령화가 지속되더라도, 개개인 모두가 보다 활동적이고 건강하게 살수 있다면 건강보험 등 사회보장을 위한 사회적 비용은 줄어들기 때문이다. 은퇴시기가 늦춰지면 소득이 늘어나 세수도 함께 증가하고, 국민연금 고갈 우려도 줄어든다. 기업은 새로운 비즈니스로 더 넓은 영역에서 부가가치를 만들 수 있다.

건강하고 행복한
시니어의 삶을 고민한다

1990년 71.3세였던 우리나라의 평균수명은 2010년 80.8세로 10년 가까이 늘어났다. 55세 이상의 시니어인구는 지난 2010년 통계청 기준으로 17퍼센트에 불과했지만, 앞으로 20년 안에 전체 인구의 32퍼센트로 늘어날 전망이다.

2011년 55~65세의 경제활동 참여비율은 64퍼센트에 육박하고 있다(고용노동부와 통계청의 2012년 2월 발표자료). 근로자 평균 연령도 2000년 36.2세에서 2010년에는 39세로 높아지고 있다. 더 오랜 기간 일하고, 일하는 사람의 평균 연령도 높아졌다.

이처럼 고령화가 가속화되고 있지만 우리 사회에선 고령화시대에 대한 두려움이 존재한다. 시니어세대를 위한 사회적 인프라가 부족하고, 개인 스스로도 건강하고 행복한 시니어로서의 삶을 준비하지 못하고 있기 때문이다.

사회보장을 위한 국가의 재정부담은 늘어나고 있지만, 생산가능인구가 줄어들어 세수도 따라 감소할 것으로 보인다. 결과적으로 소비와 투자가 위축돼 경제성장률이 둔화되는 상황이 이어질 것이라는 우려도 나온다. 고령화는 기업에게도 위기로 다가오는 것이다.

하지만 대부분의 기업들도 시니어시대를 맞이할 준비를 못하고 있다. 그동안 기업들은 50대 이하 고객을 타깃으로 삼아왔기에 시니어고객의 성향과 스타일을 깊숙히 연구하지 못했다.

2009년 8월 엘지경제연구원이 발표한 '시니어시장의 불편한 진실과 과제'라는 보고서는 시니어고객의 욕구와 감성은 매우 다양하고 섬세하게 발전하는데, 이들을 대하는 국내기업의 태도는 초보적인 수준이라고 분석했다.

이 보고서는 "2020년 한국의 시니어산업 규모는 148조 6,000억 원에 이를 정도로 급성장할 것으로 보이지만 기업들은 50대 이하 고객

위주로 마케팅조사를 펼쳐 시니어세대를 서비스 대상에서 제외하고 있다"고 꼬집었다.

시니어세대를 '60세 이상'과 같이 '한 덩어리'로 취급하고 있는 것도 문제다. 평균 수명이 80세를 넘어서는 현 상황에서 이것은 마치 10대부터 30대까지를 동일 집단으로 보는 것과 마찬가지다. 이 때문에 시니어산업은 고령자를 위한 복지용품이나 일부 부유 노년층을 위한 고급서비스 시장에만 편중돼 시니어세대의 니즈를 반영하지 못하고 있다. 이 보고서는 시니어고객의 행동관찰과 체험분석으로 그들의 욕구를 파악한 후 이를 충족시킬 제품을 개발해야 한다고 강조했다.

고령화시대에는 시니어세대가 일, 운동, 자원봉사, 취미활동을 하면서 보다 역동적인 삶을 살아갈 수 있어야 한다. 시니어세대가 이런 삶을 누릴 수 있게 도와주는 것은 누구의 역할일까? 일차적으로는 국가의 몫이다.

하지만 기업들도 고령화시대에 한발 빼놓고 있을 수는 없다. 건강한 사회가 있어야 건강한 기업이 있기 때문이다. 시니어세대가 사회에서 위축되거나 소외되지 않고, 사회의 주역으로, 더 활동적으로, 경제의 주체이자 소비 주체로 살아갈 수 있게 도와주는 것 역시 기업이 해야 할 일이다.

우리나라의 저출산문제를 고민했던 유한킴벌리는 이제 고령화문제도 고민하고 있다. 고령화문제 해결과 시니어 비즈니스 기회를 만들어나가는 전략을 세우고 있는 것이다.

우선 사회적 기업이나 소기업 성장 지원을 통한 시니어 일자리창출 모델을 추진 중이다. 시니어의 행복을 나누는 캠페인을 벌이고 시니어세대에게 보다 편리한 제품과 서비스를 제공하기 위한 방법도 찾고 있다. 이를 통해 유한킴벌리는 사회문제 해결에 앞장서는 혁신적인 기업, 시니어 사업의 선도 기업이 되겠다는 전략을 세우고 있다.

많은 소기업, 사회적 기업과 함께 시니어산업을 키우고, 이를 통해 다품종 소량생산의 보다 혁신적인 시니어 생활용품의 제공이 가능한 비즈니스 네트워크를 구축할 수 있다. 이러한 과정에서 시니어 일자리가 창출되고 시니어는 생산자이자 소비자가 되어 보다 활동적이고 행복한 삶을 살아갈 수 있다. 시니어의 삶을 이해하고, 보다 활동적인 생활에 기여하는 것 자체가 새로운 비즈니스의 기회가 되는 길이며, 유한킴벌리가 추구하는 공유가치창출이다.

서울대 조동성 교수는 최근 한 연구모임에서 유한킴벌리가 제시한 시니어 CSV 개념이 우리나라의 공식 CSV 모델 제1호라고 인정한 바 있다. 유한킴벌리는 연금과 의료, 복지 등을 연상케 하는 시니어의 개념을 보다 역동적인 액티브 시니어로 새롭게 정의하고, 기존의 '디펜드' 제품도 보다 활동적인 시니어의 삶을 돕는 요실금팬티 '디펜드 스타일'로 혁신했다. 시니어일수록 더 편리하고 활동적인 생활을 하고 싶은 욕구가 있고, 기업은 이를 도와야 한다고 생각한다. 시니어가 더 활동적이고 행복해야 기업의 기회를 창출할 시장도 커진다는 생각이다.

유한킴벌리는 2011년 초 충주에 개인용품 전용 공장을 완공했다. 이 공장은 현재 여성 생리대가 주력 제품이지만, 앞으로는 시니어케어 제품의 비중을 높여나갈 예정이다.

시니어 세대를 단지 '관심과 도움이 필요한 대상'으로 인식한다면 시니어 시대를 주도하는 기업이 되지 못할 것이다. 고령화라는 사회문제를 해결하는 데 기여하면서 시니어산업이라는 큰 틀 속에서 새로운 비즈니스모델을 만들어나가야 미래 시니어사회의 비즈니스를 주도할 수 있지 않을까?

이제 "기업에 좋은 것이 사회에도 좋다"라는 말은 "사회에 좋은 것이 기업에도 좋다"로 바뀌어가고 있다. 유한킴벌리가 기업의 성장과 고령화의 해법으로 주목하고 있는 명제이기도 하다.

비즈니스에
'행복'을 담아
세상을 바꾼다

착하면서 강한 기업이 기업의 미래

        과거 기업은 시장환경에 얼마나 빨리 대처하느냐에 관심을 기울였다. 하지만 지금은 달라졌다. 사회 변화에 얼마나 빨리 대응하고 기여하느냐에도 관심을 가진다. 변화를 예측하고, 자신의 분야에서 그 변화를 이끌어갈 수 있어야 리더가 될 수 있다.

        저출산과 고령화 같은 문제는 어젠다이다. 저출산은 한국경제의 성장잠재력을 떨어뜨리고 사회 발전에 어려움을 초래한다. 이러한 공공 영역은 많은 부분에 대해 국가가 대책을 세우고 해결을 주도하게 되지만, 기업 또한 스스로 자신 있는 영역이나 자신의 비즈니스 영역에 관심을 갖고 이러한 문제해결에 참여한다면 사회는 보다 좋은 방향으로 나아가고, 기업 또한 더 크게 성장할 길이 열릴 것이다.

유한킴벌리는 기업의 사회책임을 위해 노력하면서 한발 더 나아가 우리 사회의 긍정적인 변화를 선도적으로 이끌어가는 촉매와 트리거 trigger로서의 역할을 하려 한다.

그동안 유한킴벌리는 기업 영역에서의 환경캠페인을 선도적으로 펼쳐, 숲과 환경의 중요성에 대한 인식을 확산시켰다. 평생학습을 통한 기업의 혁신모델을 제시했고, 가족친화 경영을 통해 '일과 삶의 균형'을 제시했다. 이것은 최근 기업경영의 주요 화두이기도 하다.

사회와 함께 성장하는 유한킴벌리의 노력은 선순환을 가져오고 있다. 회사는 40년 이상 생활용품 시장을 선도하는 기업으로 성장해왔고, 9년 연속 가장 존경받는 기업으로 선정되었다. 회사의 명성이 높아지면 좋은 인재가 더 많이 입사할 것이다. 우수한 인재들은 더 좋은 기업문화를 만들어내고, 더 혁신적인 제품을 만들게 된다.

좋은 기업, 존경받는 기업이라는 이미지는 고객에게 신뢰를 주고 있다. 신뢰는 애정으로 이어진다. 고객은 유한킴벌리와 관련된 행사에 참여해 애정 어린 충고와 쓴소리를 아끼지 않는다. 이러한 따뜻한 비판은 고객만족과 좋은 제품을 만드는 데 도움을 준다. 고객의 신뢰는 사원의 자긍심으로 이어진다. 많은 회사가 그토록 강조하지만 쉽게 이끌어내지 못하는 주인의식을 자연스럽게 만들어나가는 것이다. 사회변화를 이끌어가는 기업은 강한 기업이다.

착한 기업은 고객의 높은 신뢰를 받을 수 있다. 그러나 착하기만 하고 강하지 못하다면 급변하는 사회환경과 경쟁상황에서 살아남기 어렵다. 사회공헌 활동 역시 지속가능하게 유지할 수 없다. 반면 강하지만 착하지 않은 기업은 고객의 진정한 신뢰를 받지 못한다. 조금만 더 강한 경쟁자가 나타나면 고객은 언제든 다른 기업의 제품을 선택할 가능성이 높다.

유한킴벌리는 강한 기업이다. 그리고 끊임없는 혁신을 통해 그렇게 되려고 노력하고 있다. 회사가 고령화 문제 해결에 기여하면서 미래사업인 시니어 비즈니스를 육성하는 CSV 모델에 주목하는 이유도 바로 여기에 있다.

착하면서도 강한 기업. 초일류 생활혁신기업을 추구하는 유한킴벌리가 비즈니스에 '행복'을 담는 큰 꿈을 꾸고 있다.

지속가능한 기업은
어떻게
가능한가?

유한킴벌리는 착하면서 강한 기업의 미래를 꿈꾸고 있다. 그 해법은 공유가치창조csv다. 사회문제를 기업의 경제적인 가치창출로 이어지게 만들자는 것이 CSV의 핵심이다. 한정된 자원을 나눠 갖는 개념이 아니라, CSV를 통해 파이를 키우자는 것이다.

기업은 왜 사회와 함께해야 하는 것일까? 바로 책임경영, 윤리경영의 초석이 되기 때문이다. 사회책임 활동은 비용지출을 의미하는 것이 아니라 우리 회사와 우리 사회에 새로운 기회를 제공하는 투자활동이다.

사실 기업의 존재 이유는 '영리추구'다. 기업은 주주를 위해 수익을 올려야 하는 책무가 있다. 과거에는 기업이 사회에 좋은 일을 해야 한다는 책임은 영리추구와 공존하기 어렵다는 인식이 일반적이었다.

"기업에는 단 하나의 책임이 있다. 게임의 규칙 안에서, 즉 사기나 부정 없이 자유경쟁을 하는 한 기업은 재원을 활용하여 이윤을 증가시키는 활동에 전념해야 한다는 것이다." 자유로운 시장경쟁을 강조한 경제학자 밀턴 프리드먼의 말이다. 이 말은 기업이 수익을 내고 일자리를 만드는 것 자체가 사회에 줄 수 있는 혜택이라는 인식을 바탕에 깔고 있다.

그러나 세계적인 대기업인 GE와 석유기업 BP는 환경보호운동을 주도하고 있으며, 월마트와 시스코는 정보격차를 좁히기 위해 오랫동안 개발도상국에 정보기술 교육을 지원하고 있다. 이들 기업이 사회책임 활동에 적극적으로 나서고 있는 것은, 고객의 지속적인 신뢰를 받기 위해 펼치는 일종의 투자로 보고 있기 때문이다.

기업가치를 높이고 국가경쟁력을 향상시킨다는 측면에서 투자이지 지출이 아니라는 것이다. 국내에서도 사회책임 활동을 열심히 하는 기업의 주가가 상대적으로 높다.

세계적으로 '존경받는 기업'은 사회책임 활동을 지속가능한 경영의 핵심요소로 여긴다. 사회책임 활동을 기업경영목표의 하위개념이나 수단이 아니라 경영·비즈니스 전략과 동등한 개념으로 보고 접근하는 것이다.

기업의 가치 및 평가항목에서 사회책임 활동이 차지하는 비중도 점점 높아지고 있다. 〈포춘〉은 '세계에서 가장 존경받는 기업' 순위를 평가하는 8개 항목에서 사회책임 활동을 중요한 요소로 포함시키고 있다. 다우존스의 지속가능성 지수 역시 사회책임 활동 실적을 높은 비중으로 평가하고 있다.

"기업의 사회책임 활동은 진정 훌륭한 비즈니스가 된다. 그것은 좋은 친구, 좋은 고객을 만든다. 사회적인 공익활동과 기업에게 좋은 일, 이것은 서로 상반되는 것이 아니다."

미국의 기업가 J. D. 록펠러의 말이다.

액티브시니어 캠페인
고령화 문제 해결과 시니어사업의 '공유가치창출'

유한킴벌리는 시니어를 위한 일자리 확대와 함께 더 활동적인 액티브시니어를 확장하는 노력을 통해 고령화문제 해결에 기여하면서 유한킴벌리 시니어사업도 함께 성장한다는 새로운 경영 패러다임 CSV(Creating Shared Value, 공유가치창출)를 비즈니스에 도입하고 있다.

2012년 시작된 TV 광고는 '시니어가 자원이다'라는 슬로건으로 활동적인 시니어의 모습, 그리고 젊은이들에게 경험과 노하우를 전해주는 시니어의 모습을 통해 우리 사회가 액티브시니어를 중요한 인적자원으로 생각해야 한다는 메시지를 담고 있다. 유한킴벌리 액티브시니어 광고는 단지 캠페인에 그치는 것이 아니라, 고령화시대에 시니어를 재조명하는 계기가 되고, 시니어의 보다 활동적인 삶이 시니어의 행복과 사회발전에도 직결된다는 메시지를 담고 있다.

도전과 혁신이
만들어낸
유한킴벌리 40년

"착한 기업이 시장에서 경쟁력이 있을까요?"
많은 분들로부터 받는 질문입니다. 적자생존의 비즈니스 세계에서 착한 기업이 살아남기에는 경쟁력이 떨어지지 않을까 하는 우려 때문입니다. 착한 기업은 혁신에 느리고 수동적인데다가 비용이 많이 들어 크게 성장할 수 없다는 것이 일반적인 생각입니다.

그렇다면 어떤 기업이 시장에서 강한 기업일까요? 시장 1위, 높은 생산성, 차별적 가치를 주는 제품, 고객의 신뢰, 수출 성과, 글로벌 경쟁력, 빠른 혁신, 미래성장동력과 비전, 윤리경영, 좋은 인재, 이런 점들이 강한 기업들의 모습이라고 모두들 이야기합니다. 그럼 유한킴벌리는 어떤 기업일까요? 물어보면 대부분 "착한 기업 아닌가요?"하고 반문합니다.

유한킴벌리는 '착한 기업이면서 동시에 강한 기업'입니다. 단지 착하기만 했다면 40년 넘도록 시장에서 1위를 지속하고, 일하고 싶은 기업, 존경받는 기업으로도 인식될 수 없었을 것입니다. 세계적인 기업들과 경쟁하고 내부적으로 끊임없이 혁신하며 도전해왔던 치열한 과정이 있었기에 지금처럼 착하면서 강한 기업으로 성장할 수 있었습니다. 이처럼 이 책, 《유한킴벌리 이야기》는 시장을 선도하고 고객과 사회에 대한 책임을 위해 노력하는 착하면서도 강한 유한킴벌리의 숨겨진 면모를 어떻게 보여드릴까 하는 질문에서 시작되었습니다.

좀 더 객관적인 답변을 드리기 위해 출판 분야의 전문가들을 만나 자문을 받았습니다. 잘 알려져 있는 사회공헌과 혁신경영에 대한 내용을 떠나, '크리넥스'로 첫 사업을 시작한 이후 지난 43년간의 스토리, 특히 새로운 시장에 도전하고 어려움을 극복해왔던 도전과 혁신의 과정을 한데 엮어보기로 했습니다.

1970년 당시로서는 고객들이 처음 접하게 되는 생활용품들을 어떻게 소개했는지, 그때는 낯설고 고가품이라 하루에 몇 개 팔리지 않던 제품이 지금은 어떻게 전 국민의 생활필수품이 되었는지, 시장에서 어떤 치열한 경쟁이 있었는지, 좌절과 어려움은 어떻게 극복했는지, 10년 단위로 준비했던 비전을 어떻게 실현시켜왔고 그 속에는 또 어떤 혁신과 새로운 도전의 드라마가 숨어 있는가를 알려드리고자 하였습니다.

회사 이야기를 스스로 엮어내는 데 주저함과 조심스러움도 있었지만, 기업경영이나 마케팅에 종사하는 분들께 조금이라도 도움이 되지 않을까, 그리고 회사의 마케팅 사례를 연구하는 이들에게도 작은 참고가 되지 않을까 하는 마음으로 이 책을 출간하기로 하였습니다. 한스미디어와 정혁준 기자님은 책의 집필에 많은 도움을 주셨습니다. 수차례의 토론과 많은 분들과의 인터뷰를 통해 유한킴벌리의 면모를 7가지로 잘 정리해 주었습니다.

지금 유한킴벌리는 새로운 도약의 시기를 맞이하고 있습니다. 초일류 생활혁신기업으로 나아가기 위해 비전2020을 선포하고 경영 혁신을 지속적으로 이루고 있습니다. 사원들이 더 큰 행복을 꿈꿀 수 있도록 기업 문화를 가꿔갈 뿐 아니라 사회에도 큰 행복이 될 수 있도록 시니어를 위한 공유가치창출에도 노력하고 있습니다. 지난 40년간 없던 시장을 개척하고 환경 캠페인을 시작한 일들은 모두 새로운 시도였고 힘든 일이었지만 큰 성과로 빛을 보았습니다.

책에는 그 '도전'과 '혁신'의 과정이 잘 나와 있습니다. 유한킴벌리는 지난 성공의 기억에 머물지 않고 언제나 미래를 향해 초점을 맞춰왔습니다. 변함없는 것은 고객, 사원, 사회를 향한 깊은 관심과 행복을 전달하는 일입니다. 이 책을 통해 유한킴벌리가 '착하면서 강한 기업'으로서 독자 여러분들에게 새롭게 다가갈 수 있기를 바랍니다.

이 기회를 빌려 후배들에게 자랑스러운 유한킴벌리의 역사를 물려주신 역대 사장님들(조권순님, 유승호님, 이종대님, 문국현님, 김중곤님), 그리고 늘 훌륭한 조언을 해주시는 사회 리더와 이해관계자 분들께 감사의 인사를 드립니다. 더불어 인터뷰와 출간에 도움을 주신 사내외 모든 관계자 분들과 회사의 오랜 마케팅 사례와 역사를 정리해, 책을 내는 데 많은 도움을 주신 오인현 전 부사장님께도 감사의 말씀을 전합니다.

항상 유한킴벌리를 사랑해주시고, 착하면서 강한 기업이 되라고 충고해주시는 고객님들께도 각별한 고마움을 표합니다. 감사합니다.

생활혁신기업 유한킴벌리

유한킴벌리
이야기

1판 1쇄 인쇄 2013년 1월 24일
1판 1쇄 발행 2013년 2월 1일

엮은이 정혁준
펴낸이 김기옥

프로젝트 디렉터 기획1팀 모민원, 장기영, 권오준
커뮤니케이션 플래너 박진모
영업 이봉주
경영지원 고광현, 김형식, 임민진

표지 디자인 디자인★규
본문 디자인 네오북
일러스트 김선정
인쇄 스크린그래픽 | 제본 정문바인텍

펴낸곳 한스미디어(한즈미디어(주))
주소 121-839 서울시 마포구 서교동 392-34 강원빌딩 5층
전화 02-707-0337 팩스 02-707-0198
홈페이지 www.hansmedia.com
출판신고 제313-2003-227호
신고일자 2003년 6월 25일